基于地空协同的稀疏道路交通检测设备布局理论与方法

刘晓锋　关志伟　著

东南大学出版社
SOUTHEAST UNIVERSITY PRESS
·南京·

内容简介

本专著就稀疏道路的交通事件检测需求这一问题，从地空协同的角度，阐述了交通检测设备布局理论与研究方法。专著主要从模型、算法、数值模拟、应用等四个方面开展了研究，其内容主要为：建立两阶段的地面交通检测设备布局优化模型、静态/动态的无人飞机巡航路径优化模型；设计单目标的遗传优化求解算法、多目标的NSGA-II和MOEA/D优化求解算法；建立地空交通检测系统的事件检测数值模拟方法；开展基于无人飞机技术的交通事故现场查勘、桥面破损检测、稀疏道路监控等应用研究。

本专著可供智能交通、系统工程、管理科学与工程等相关学科的教师、学生、科研人员，以及工程技术人员阅读与参考。

图书在版编目(CIP)数据

基于地空协同的稀疏道路交通检测设备布局理论与方法/刘晓锋，关志伟著．-- 南京：东南大学出版社，2020.3

ISBN 978-7-5641-8833-7

Ⅰ．①基… Ⅱ．①刘… ②关… Ⅲ．①城市交通－交通监控系统－研究 Ⅳ．① U491.4

中国版本图书馆 CIP 数据核字 (2020) 第 017216 号

基于地空协同的稀疏道路交通检测设备布局理论与方法

著　　者	刘晓锋　关志伟	**责任编辑**	陈　跃
电　　话	(025)83795627	**电子邮箱**	chenyue58@sohu.com
出版发行	东南大学出版社	**出 版 人**	江建中
地　　址	南京市四牌楼2号	**邮　　编**	210096
销售电话	(025)83794121/83795801		
网　　址	http://www.seupress.com		
经　　销	全国各地新华书店	**印　　刷**	南京迅驰彩色印刷有限公司
开　　本	787mm×1092mm	**印　　张**	10.25
字　　数	256千字		
版 印 次	2020年3月第1版　　2020年3月第1次印刷		
书　　号	ISBN 978-7-5641-8833-7		
定　　价	50.00元		

*本社图书若有印装质量问题，请直接与营销部联系。电话：025-83791830。

前　言

当今道路交通检测设备布局理论与方法主要侧重研究高流量的城市道路、高速公路，开展交通起讫点估计、行程时间估计和交通流量估计。我国西部部分省区的道路处于地域广阔、人口数量少、自然地理条件差、经济发展欠发达的区域，公路网密度低、节点间距大，道路流量低、彼此之间的交通影响小，且交通监控、救援资源分布少，本研究称之为“稀疏道路”。稀疏道路交通监控系统的重要功能之一是及时、准确地开展道路交通事件检测，而现有研究对此涉及得甚少，因此需要开展深入的研究。

本书将无人飞机技术引入到稀疏道路的交通事件检测当中，从地空协同的角度，开展稀疏道路交通检测设备布局理论与方法研究。书中论述的地空协同有两个方面的含义：第一，静态的地空协同，无人飞机对传统的地面交通监控进行有效补充；第二，动态的地空协同，车辆载运多架无人飞机，交通监控需求动态变化，需要动态分配车辆、无人飞机的侦察目标，动态优化车辆、无人飞机的巡查或巡航路径，将无人飞机的机载相机、激光雷达获取的图像和点云信息，与地面交通监控信息相互融合。本书从模型、算法、数值模拟、应用等四个方面开展了研究：① 建立地面交通检测设备的布局优化模型、无人飞机巡航路径优化模型；② 设计单目标、多目标的优化求解算法；③ 建立地空交通检测系统的事件检测数值模拟方法；④ 开展无人飞机交通应用研究。本书内容主要分为七章，它们包括：第一章主要介绍研究背景，总结无人飞机的交通应用情况；第二章主要研究地空交通检测设备布局理论；第三章主要归纳优化求解算法与模拟仿真技术；第四章主要开展面向事件检测的地面交通检测设备优化布局研究；第五章主要研究静态无人飞机路径规划的多目标优化方法；第六章主要研究动态无人飞机路径规划的多目标优化方法；第七章主要开展地空交通检测系统的事件检测效果评价研究。

本书的研究成果得到了国家自然科学基金项目（51408417）、天津市科技计划项目（17ZXRGGX00070、19YFSLQY00010）等项目的资助，在此表示衷心的感谢！本书的编辑和出版，得到了东南大学出版社的大力支持和帮助，在此一并表示感谢。

本书可供智能交通、系统工程、管理科学与工程等相关学科的教师、学生、科研人员，以及工程技术人员阅读与参考。

由于作者学术水平有限，书中难免有疏漏之处，部分内容还需要开展深入研究，并不断予以完善。欢迎读者不吝赐教。

作者
2019 年 10 月

目 录

第 1 章　绪论

1.1　研究背景

1.1.1　稀疏道路的内涵

《辞海》中“稀疏”的主要含义为“不稠密”，道路网络则可理解为“由各级道路组成的网状系统”。我国新疆、西藏等地区地域广阔，公路网密度小且节点间距大，交通事故救援资源分布稀疏，该区域内的公路网络可称为“稀疏路网”。

本研究对稀疏道路网络的定义为：处于地域广阔、人口数量少、自然地理条件差、经济发展欠发达的区域，公路网密度低、节点间距大，道路流量低、彼此之间的交通影响小，且交通监控、救援资源分布少的公路网，简称为“稀疏路网”。从分布的区域来看，稀疏路网主要分布于我国新疆、西藏等省（区、市）。与之对应的是常见的城市道路网络、经济发达地区的公路网等稠密路网，稀疏路网与稠密路网存在明显的不同，主要表现在：

（1）所在区域不同

城市道路网一般分布于人口稠密的城市中心城区或外围区域，经济发达地区公路网一般位于经济发展水平高、人口稠密、自然地理条件相对较好的区域，而稀疏路网处于地域广阔、人口数量少、自然地理条件差、经济发展欠发达的区域。

（2）路网结构特征和交通特征不同

城市道路网、经济发达地区公路网的路网密度较高，道路节点间距不大，而稀疏路网的路网密度低且节点间距大。我国不同地区的公路网密度对比情况如表 1-1 所示。此外，城市道路网、经济发达地区公路网的车辆流量高，道路之间的交通影响较大，而稀疏路网的道路流量低，道路之间的交通影响很小。

表 1-1　不同地区公路网密度比较表（单位：km/km^2）

地区	省（区、市）	2005 年	2008 年	2010 年	2014 年	2018 年
东部地区	北京	88.65	122.69	127.89	133.14	135.62
	辽宁	36.26	68.53	70.72	77.99	82.46
	江苏	85.23	145.18	154.84	145.61	149.25
	福建	47.13	71.65	73.59	81.60	87.82

续 表

地区	省（区、市）	2005 年	2008 年	2010 年	2014 年	2018 年
西部地区	新疆	5.39	8.83	9.21	8.54	11.38
	西藏	3.50	4.18	4.72	6.14	7.93
全国平均		20.10	38.86	41.75	46.50	50.48

注：数据来源于各省、区、市的交通统计公报，部分数据由于统计口径不同，有一定的波动。

由表 1–1 可知，从 2005 年到 2018 年全国各省区的公路网密度在逐年提高，而新疆、西藏的公路网密度明显低于全国的平均水平，呈现稀疏的特征。

（3）事故检测与救援能力不同

城市道路网、经济发达地区公路网处于人口稠密、经济发达的区域，车流量大，交通监控设施、设备和事故救援资源较多，发生事故后，事故响应快，而稀疏路网所在区域一般经济发展水平较低，自然地理条件差，人口少，地域广袤，道路节点的间距大，道路的交通监控设施设备、事故救援资源少，车辆发生事故以后，事故检测效果较差，且事故救援往往不及时。

以新疆维吾尔自治区为例，新疆的面积约为 166 万 km^2，深居内陆，远离海洋，四周高山环绕，受青藏高原、地理纬度、天山山脉的影响，形成了极端干燥的大陆性气候：晴天多，日照强，少雨，干燥，冬寒夏热，昼夜温差大，风沙较多，公路容易出现冻胀和翻浆、雪害、水毁、风沙害等。截至 2018 年底，新疆全区人口约为 2 400 万，公路总里程达 18.9 万 km（含兵团 4.0 万 km），公路密度为 11.38 km/km^2，不到全国平均水平的三分之一，呈现出地广人稀等特征。新疆维吾尔自治区的公路分布情况如图 1–1 所示。

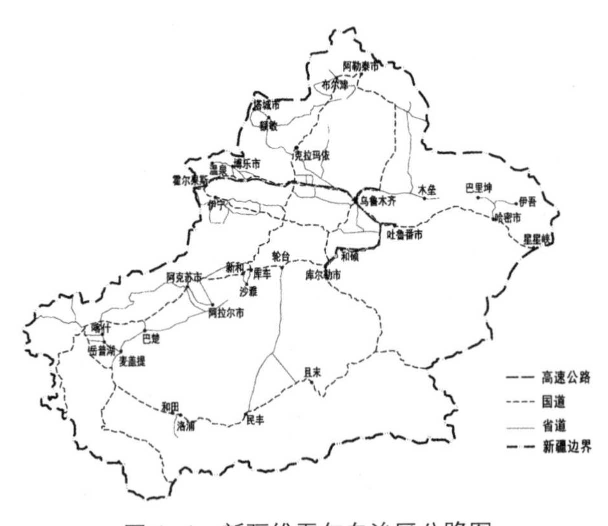

图 1–1　新疆维吾尔自治区公路图

新疆维吾尔自治区受社会、经济发展水平、人口等因素的影响，新疆道路的总体交通需求较小，相当部分的道路交通流量小，如赛里木湖至果子沟高速公路 2008 年、2010 年的折算交通量分别为 3800、5000 标准车 / 天，远低于我国中、东部地区高速公路的交通量水平。其次，部分道路线形指标较高，长直线路段多，大多处于戈壁荒漠区，路侧参照物较少，车辆运行速度较快，如新疆和（和硕）库（库尔勒）高速公路的 85% 分位的客、货车车速分别高达 120 km/h、87 km/h（如图 1–2 所示），从而容易发生恶性交通事故。此外，恶劣的气候（如风沙等）、地质灾害（如雪崩、泥石流等）易引发交通事故或车辆受困，道路沿线人烟稀少，往往缺乏交通监控设备，通信不便，事故不易及时发现，一旦救援不及时，人员和财物的损失往往较为惨重。

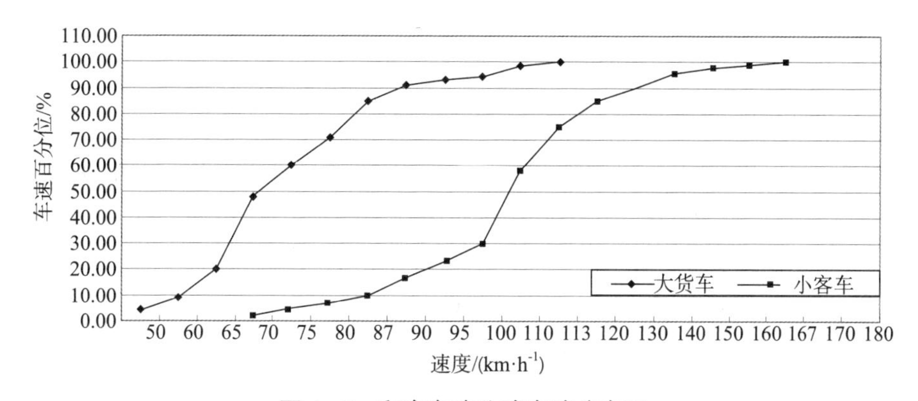

图 1–2 和库高速公路车速分布图

根据以上分析，新疆维吾尔自治区稀疏路网的特点可归纳为：

（1）所在区域地域广袤、自然地理条件差、人口数量少、经济发展欠发达。

（2）公路网密度低、节点间距大，道路流量低、彼此之间的交通影响小，高等级公路的车速运行较快。

（3）道路沿线人烟稀少，且道路交通监控设施设备不足、救援资源分布少，事故不易及时发现，一旦救援不及时，损失往往较为惨重。

1.1.2 稀疏道路的交通监控需求

目前，我国稀疏路网的道路交通监控主要依赖于传统的地面固定交通检测设备，如线圈检测器、红外线检测器、雷达检测器、超声波检测器、视频交通检测器等，这些检测器可以提供其所在位置的交通信息（可称为“点检测”）。我国中、东部地区的道路交通监控主要通过在道路布设大量的固定型地面检测器（如环形线圈、视频交通检测器等），实现道路交通参数的采集、交通事件的监测功能。上海外环西段、日本 Meishin

道路的线圈布设间距从 750 m 到 2000 m 不等，澳大利亚 Tullamarine 道路的线圈布设间距从 450 m 到 1070 m 不等。稀疏路网所在区域地域广袤、公路网密度低、道路里程长、交通流量小、节点间距大，如按照常规的交通检测设备布设方法，会产生巨额的交通检测设备购置、安装、维护费用。此外，对于移动型交通检测设备，如全球定位系统（Global Position System, GPS）、电子标签技术（Radio Frequency Identification, RFID）、浮动车技术（Float Car, FC），在快速路行驶条件下，至少需要 15%~20% 的车辆装载有 GPS、RFID 设备，才能使得行程估计误差小于 5%，受稀疏路网所在区域经济发展水平所限，这样高的设备安装率很难实现。由此可见，在当前的社会经济条件下，固定型、移动型交通检测设备的高密度覆盖难以在稀疏路网的道路中实现。而现有稀疏路网的道路交通监控系统较难检测到整条道路的交通运行状况信息，无法将交通事件的详细信息较快地传送至交通管理指挥中心，这大大降低了远距离交通事件尤其是交通事故救援的速度和效率，难以减少事故带来的生命和财产损失。

无人飞机（Unmanned Aerial Vehicle，UAV）技术源于军事领域，由于其具有较宽广的检测范围、低成本以及良好的机动性、灵活性，无人飞机在民用领域引起了众多关注，已被应用于气象探测、农药喷洒、地质勘测、环境监测、通信电力线路的快速巡检、应急反应、雪崩监控、交通等领域。在交通领域，国外进行了无人飞机交通应用的相关可行性研究，如交通事件反应、出行者信息收集、紧急车辆诱导、区域交通信号灯协调控制、车辆跟踪、分析提取车辆到达率、排队状况、停车场利用等。稀疏路网所在区域地域广袤、路网密度低，正好能发挥无人飞机机动、灵活的空中侦察优势，进行道路交通监控侦察，并将侦测到的地面交通运行状况实时传输到交通管理指挥中心，提高交通事件检测、救援的响应速度，增强道路安全监控水平。

稀疏路网的道路交通监控系统的主要作用是提供基础的交通信息，进行车辆运行状态检测、路网运行状况检测、交通事件检测、不良天气 / 灾害检测，各检测功能的具体要求如表 1–2 所示。

表 1–2　交通监控系统功能及具体要求

序号	功能	具体要求
1	车辆运行状态检测	能够获取道路中车辆的位置、速度、路径信息，以及检测重点保障车辆（如营运客运车辆、救护车辆等）的实时运行位置、速度，尤其是停车信息
2	路网运行状况检测	能够获取路网中的车流量、密度、速度及关键路段的拥堵状况

续 表

序号	功能	具体要求
3	交通事件检测	依托地面交通检测设备判断交通事件发生的时间、地点；依靠车载设备实时监测重点保障车辆的运行情况；派遣无人飞机进行日常的巡逻和交通事件的核实
4	不良天气 / 灾害检测	获取最高 / 最低温度、沙尘的能见度、降雨 / 降雪量、风力强度，检测雪崩、泥石流、滑坡的发生时间、地点、影响范围并评估其持续时间

为实现上述交通监控系统的功能，需要明确稀疏路网的道路交通监控系统的交通检测设备构成以及各类交通检测设备的作用、功能。

稀疏路网的道路交通监控系统的检测设备包括固定型和移动型，其中，固定型地面交通检测器主要包括环形线圈检测器 / 地磁、视频检测器、微波检测器、红外线检测器、超声波检测器等，移动型交通检测器主要包括车载射频识别系统、全球定位系统、无人飞机等。稀疏路网的道路交通检测设备的作用与功能定位如下：

（1）常规非视频检测器负责基本交通参数的采集，如车流量、车速等，以及高级交通参数的估算等。

（2）视频检测设备负责车流量、车速基本交通参数的采集，以及目标车辆的检测与识别，判断车辆进出监测区的异常状况。

（3）射频识别系统主要负责车辆身份的识别与跟踪，判断车辆进出监测区的异常状况。

（4）全球定位系统主要负责车辆的运行位置定位和车辆行驶状态的判别。

（5）发挥无人飞机机动、灵活、快速的特点，设定其飞行巡航路线，实现常规情况下的交通监测任务，并将拍摄的交通视频通过无线传输系统实时传输给交通管理指挥中心；发生重大交通事件后，无人飞机直接飞赴重大交通事件现场，进行事件的确认与核实，然后，每隔一段时间对事件现场进行重复侦察。

1.2 无人飞机应用情况

无人飞机数据采集系统是一个综合系统，主要由无人飞机、地面监控站和系统载体三大部分组成。地面监控站主要包括地面发射机、地面接收机等硬件设备，以及数据通信模块、监控模块和数据处理模块等软件部分。系统载体主要包括 GPS、传感器以及摄像机或照相机等。通过装载不同的成像传感器，如光电相机、红外成像装置、合成孔径雷达等，无人飞机可以实现白天、夜间以及云、雨、雾环境下清晰目标图像的获取。确定侦察目标后，可在无人飞机的控制平台上输入侦察目标的空间位置及侦察顺序，确定无人飞机的航线轨迹。无人飞机起飞后按照预设的航线飞行，在飞行的过程中机载高清摄像机对地面摄像，并通过无线传输系统，实现侦测图像的实时传输功能，为管理人员提供实时的监控视频。由于无人飞机具有较宽广的检测范围（通过多机协作侦察）、低成本以及良好的机动性、灵活性，无人飞机在民用领域引起了政府、管理者和研究人员等众多关注，已开始被广泛应用于交通监控和信息采集、交通管理控制、应急反应、港口安全和自然灾害监控（如雪崩和森林火灾）。世界各主要交通研究机构的无人飞机应用情况如表 1–3 所示。

表 1–3　世界各地无人飞机应用情况

研究项目	参与方	无人飞机类型	研究目标
Ohio	俄亥俄州州立大学；俄亥俄州交通厅等	MLB BAT3（固定翼）	收集快速路的运行情况信息、交叉口转向信息、网络路径信息、停车场监控
ATSS	佛罗里达大学；佛罗里达交通厅；Tallahassee 机场	Aerosonde（固定翼）	使用 Florida 交通厅微波系统进行无人飞机通信链路测试；中心城区和郊区交通网络的交通信息获取
WITAS	瑞典 Linkoping 大学	Scandicraft Apid Mk 3（旋翼）	发展全自动的无人飞机技术；辨识复杂的交通行为（车辆超车等）
COMETS	LAAS；CNRS；ADAI 等	MARVIN（旋翼）；Karma Blimp（固定翼）；Remotely Piloted helicopter（旋翼）	设计、实施分布式控制系统进行多无人飞机的协作侦察；无人飞机实时控制的框架和技术；集成分布式传感技术和实时成像
Arizona	亚利桑那大学；NCRST-F	载人飞机 / 无人飞机	使用有人 / 无人飞机；从视频中获取车辆轨迹；获取交通参数
Traffic Surveillance Drone	佐治亚州理工研究所；佐治亚州交通厅	Customized Drone（旋翼）	容错自动操作算法；飞行控制
Ultimate Auto-Pilot	加利福尼亚大学伯克利分校；AINS 计划	固定翼飞机	无人飞机自动导航系统；路径优化策略；扩展 GPS 的机器视觉
Bridgewater	美国交通部 RSPA；NASA；MLB 公司	MLB BAT3（固定翼）	自动飞行无人飞机实时收集交通信息；沿路飞行获取多模式交通数据
Minnesota	明尼苏达大学	机型类型不详	自动交通监控；交通参数的获取

续 表

研究项目	参与方	无人飞机类型	研究目标
ETH Zurich	苏黎世联邦理工学院	自制无人飞机	交通监控
ORCA	卡内基梅隆大学	自制无人飞机（旋翼）	发展具备视觉功能的无人飞机，可以对目标自动侦察
交通监控	同济大学	Microdrones md4-1000 旋翼无人飞机	道路交通事件检测，实时收集道路交通信息
海面溢油监测与处置	中科院沈阳自动化研究所	旋翼无人飞机	搭载溢油探测载荷及低空可控喷洒载荷，完成溢油附近海域的低空飞行探测及作业，提供海面油污数据并协助相关部门有效清除海面油污
车辆检测、地形测绘	北京航空航天大学、武汉大学等	机型类型不详	根据无人飞机航拍图像，进行车辆的检测与跟踪分析；使用无人飞机进行地形测绘
交通事故现场查勘、桥面破损检测	天津职业技术师范大学	大疆“Inspire 1”和“Spark”无人飞机	根据无人飞机航拍图像，使用多维立体视觉的三维重建算法，进行交通事故现场查勘与桥面破损检测

1.2.1 无人飞机技术的发展历程

无人机发展源于军事领域。军用无人机在当今世界正被广泛使用，它们可充当目标诱饵，并执行作战、研发以及侦查等任务。20 世纪 90 年代，无人机开始用于商业、科研等领域。无人飞机的发展历程如图 1–3 所示，主要军用无人飞机机型如图 1–4 所示。

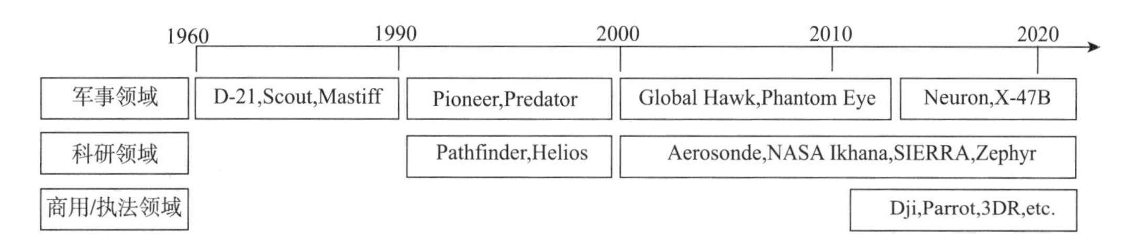

图 1–3 无人飞机的发展历程

D-21 无人机

Scout 无人机

Mastiff 无人机

Pioneer 无人机

Predator 无人机

Global Hawk 无人机

Phantom Eye 无人机

Neuron 无人机

X-47B 无人机

图 1-4　主要军用无人飞机机型

近二十年来，无人机已成功应用于大气探测、环境监察、目标跟踪、测绘等科研领域。同时，随着消费级无人机的快速发展，无人机在影视航拍、电力巡线、农业植保、地质灾害评估、交通监控、水体污染监控和核辐射监测等市场方向上的应用增长迅猛。主要的科研无人飞机机型如图 1-5 所示，消费级无人飞机机型如图 1-6 所示。

（1）Pathfinder 无人机（美国）

（2）Ikhana 无人机（美国）

图 1-5　主要科研无人飞机机型

（1）大疆“御”无人机（中国）

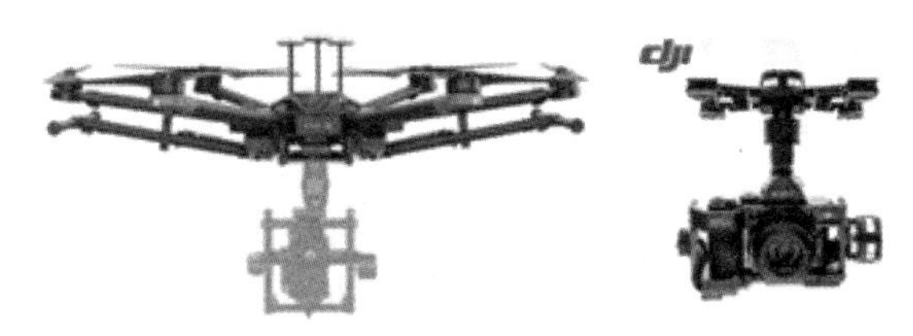

（2）大疆“经纬 M600”无人机（中国）

（3）大疆“精灵”无人机（中国）

（4）大疆“悟”无人机（中国）

（5）3D Robotics Solo 无人机（美国）（6）Parrot Bebop 无人机（法国）

（7）Ascending 无人机（德国）

图 1–6　世界范围内主要消费级无人飞机

同济大学自 2009 年起，在国家 863 项目等资助下，购置了 Microdrones md4-1000 无人飞机，对无人飞机在稀疏道路的交通信息采集与交通监控预警进行了持续研究。该无人飞机系统及技术参数如表 1-4、图 1-7 所示。

表 1–4　Microdrones md4–1000 无人飞机技术参数

项目	参数	项目	参数
空载重量	2 650 g	最大起飞重量	5 550 g
巡航速度	15.0 m/s	工作温度	-10 ～ 40℃
环境风力	9 m/s	飞行高度	最大 1 000 m
工作海拔	最大 4 000 m	飞行半径	1 000 m（基于遥控飞行）

续 表

项目	参数	项目	参数
留空时间 有效载荷 500 g 时 /1 200 g 时	约为 40 分钟 /20 分钟	控制方式	遥控，GSM 网络遥控，Waypoint 航点自动驾驶
导航系统	DGPS，双惯性导航系统（INS），双飞行控制器	CAN 总线	2.0B 支持，可定制的载荷控制（基于 Microdrones 开发的 CANfly 特别接口协议）

（a）无人飞机机体

（b）无人飞机通信控制系统

（c）无人飞机地面工作站

图 1-7　Microdrones md4-1000 无人飞机系统

天津职业技术师范大学自 2015 年起，在国家自然科学基金项目等资助下，先后购置了大疆“Inspire 1”“Spark”电动旋翼无人飞机，先后开展了交通事故现场查勘和三维重建、桥梁桥面破损检测。大疆“Inspire 1 Pro”无人飞机系统的技术参数如表 1-5 所示。

大疆“Spark”无人飞机系统的技术参数如表 1-6 所示。

表 1-5　大疆“Inspire 1 Pro”四旋翼无人飞机技术参数表

项　目	参　数
飞行器型号	T600
飞行器质量	2 870 g（含电池，桨；不含 Zenmuse X5 云台相机）
最大起飞质量	3 500 g
最大水平飞行速度	18 m/s（ATTI 模式下）
悬停精度（可安全飞行状态）	垂直：0.5 m；水平：2.5 m
最大起飞海拔高度	4 500 m
最大可承受风速	10 m/s
最大飞行时间	约 15 min
工作环境温度	-10～40℃
轴距	559 mm
照片最大分辨率	4 608 × 3 456
标配智能飞行电池容量	4 500 mAh

表 1-6　大疆“Spark”四旋翼无人飞机技术参数表

项　目	参　数
起飞质量	300 g
尺寸	143 mm × 143 mm × 55 mm
悬停精度	垂直：±0.1 m（视觉定位正常工作时）；±0.5 m 水平：±0.3 m（视觉定位正常工作时）；±1.5 m
智能飞行电池容量	1 480 mAh
最长飞行时间	16 min（无风环境 20 km/h 匀速飞行）
WIFI 最大信号有效距离	水平：100 m，高度：50 m（无干扰、无遮挡）
影像传感器	1/2.3 英寸 CMOS
焦距	25 mm
有效像素	1 200 万
照片最大分辨率	3 698 × 2 976
图片格式	JPEG
视频格式	MP4（MPEG-4 AVC/H.264）

1.2.2 无人飞机集群项目

无人飞机集群技术源于军事领域，在早期的军事战争中，通常使用单架无人飞机进行完成单次的作战任务。单架无人飞机受其武器载荷、飞行速度、续航里程等因素制约，难以完成复杂的军事作战任务。近年来，随着网络通信技术和无人飞机自主化的发展，采用多架无人飞机协同搜索侦察、攻击成为可能。通过多架无人飞机的协同，无人飞机之间可以相互通信、信息共享，提升无人飞机的环境态势感知能力，可有效提高无人飞机的生存能力和整体作战效能。此外，微小无人飞机雷达截面小、成本低、速度快，可使用数量可观的具有自主控制能力的无人飞机组成无人飞机集群，执行相关的军事任务。集群智能（Swarm Intelligence）作为一种“Game-Changing”的颠覆性技术，一直被中美等军事强国作为军用人工智能的核心。美国国防部发布的《无人飞机系统路线图 2005–2030》将无人飞机自主控制等级分为 1–10 级，确立“全自主集群”是无人飞机自主控制的最高等级，预计 2025 年后无人飞机将具备全自主集群能力。

国外高校较早开展了无人飞机集群控制测试研究。2005 年，英国的埃塞克斯大学开展了 Flying Gridswarms 和 Ultraswarm 项目。2007 年，美国麻省理工学院开展了 RAVEN 项目。这些项目主要测试室内环境下的无人飞机集群编组飞行能力。近 3 年来，中国、美国等国家先后开展了无人飞机集群技术的理论研究、关键技术攻关和项目演示验证，促进了无人飞机集群技术的快速发展。国内外的无人飞机集群技术典型研究项目如表 1–7 所示。

表 1–7 国内外无人飞机集群典型项目概况

时间和国家	项　目	内　容	目　标
2016 年 4 月 美国	低成本无人飞机集群技术（Low-Cost UAV Swarming Technology, LOCUST）项目	在陆地上完成 30 s 内发射 30 架“郊狼”小型无人飞机的试验，验证了无人飞机蜂群的编队飞行、队形变换、协同机动能力	快速释放大量小型无人飞机，通过自适应组网及自治协调，对某个区域进行全面侦察并对关键指控节点进行攻击破坏
2016 年 10 月 美国	“山鹑”（Perdix）项目	美国海军 3 架 F/A-18F“超级大黄蜂”战斗机以 0.6 马赫速度投放了 103 架 Perdix 无人飞机	“山鹑”蜂群未预先编写飞行程序，而是在地面站指挥下自主实现协同，展现了集体决策、自修正和自适应编队飞行能力

续 表

时间和国家	项　目	内　容	目　标
2017年3月 美国	“小精灵”（Gremlins）项目	完成了无人飞机空中发射和回收系统的可行性研究	计划在2020年左右开展“小精灵”蜂群的空中发射和回收飞行试验
2017年10月 中国	中国电子科技集团公司 - 无人飞机集群飞行试验	完成119架固定翼无人飞机集群飞行试验	验证无人飞机密集弹射起飞、空中集结、多目标分组、编队合围、集群行动等
2018年5月 中国	中国电子科技集团公司 - 无人飞机集群飞行试验	完成200架固定翼无人飞机集群飞行	开展小型折叠翼无人飞机双机低空投放和模态转换测试

无人飞机集群的关键技术包括以下方面：集群控制算法、通信网络设计、控制算法与通信技术的耦合、任务规划技术、路径规划技术、编队控制技术等。上述技术涉及航空、信息、电子、控制等多个领域，相关技术的研发可有力提升无人飞机作战的效能，并促进该技术在民用领域的应用，带动新的经济增长点。

1.2.3 稀疏道路监控

在国家高技术研究发展计划课题——《基于地空信息技术的稀疏路网交通监控与预警系统（项目编号：2009AA11Z220）》的支持下，同济大学进行了稀疏道路条件下的旋翼无人飞机试飞科研活动，试飞情形如图 1–8 所示。

（a）无人飞机坐标定位

（b）无人飞机交通监控视频

图 1–8　无人飞机试飞情景

图 1–8（a）为无人飞机的坐标定位，图 1–8（b）为无人飞机在空中监视高速公路的运行状况。此后，同济大学购置了 Microdrones md4-1000 无人飞机，该无人飞机可以通

过遥控器人工操控飞行，也可以借助 GPS Waypoint 系统进行自动驾驶飞行，其 Cockpit 座舱仪表软件集成了飞行规划、飞行监控、飞行数据分析等多种功能于一身，如图 1–9 所示。

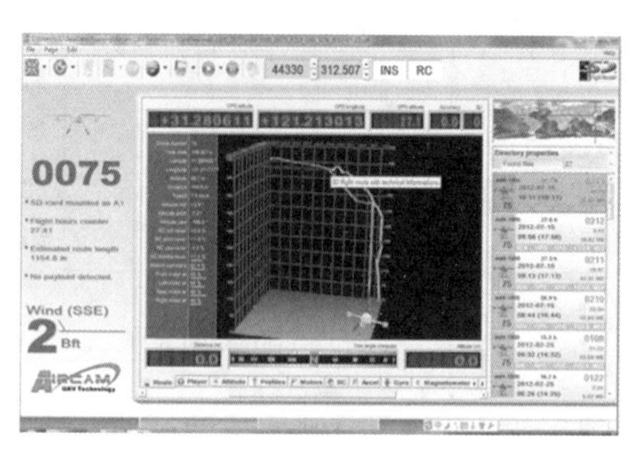

图 1–9　Cockpit 飞行控制界面

该无人飞机飞行控制主界面上可实时接收并显示飞行器的各种飞行数据，包括电池电压、坐标、高度、方向、姿态、飞行时间、飞行速度、飞行路径、距起飞点的距离、环境温度、风速、电机工作状态、遥控器信号强度、GPS 状态等重要信息。其中，Cockpit 飞行控制状态和飞行数据显示状况如图 1–10 所示。

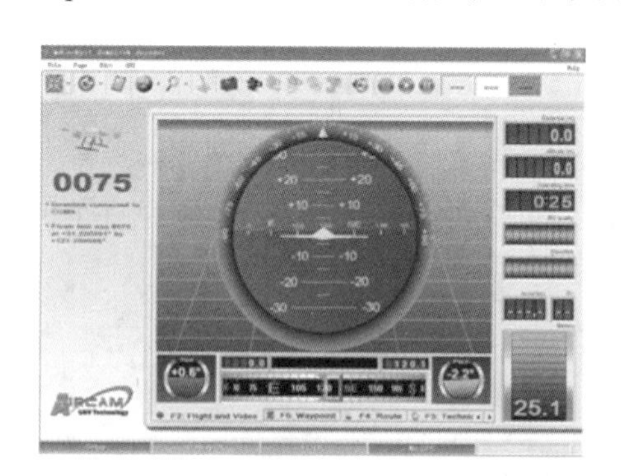

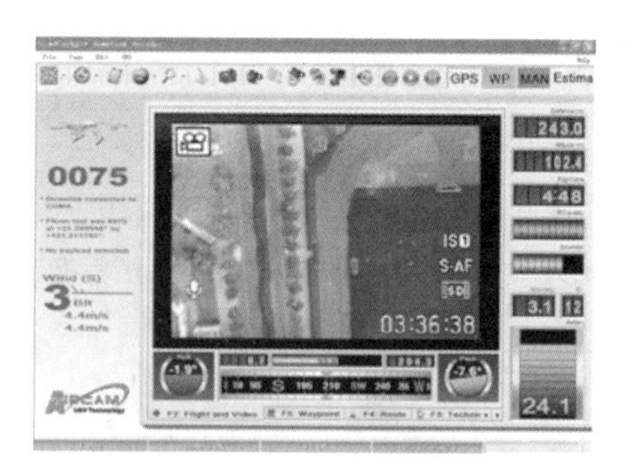

图 1–10　Cockpit 飞行控制及飞行数据显示界面

Microdrones md4-1000 无人飞机的 Waypoint 软件可借助航点规划编辑器创建详细飞行航线规划，让飞行器按照规划好的航线自动飞行。规划好的飞行航线能够以 3D 方式显示在屏幕上，根据需要，还可以将飞行航线规划导入到 Google Earth TM 中显示。飞行数据回放系统则能够同步保存所有的飞行数据，用于航后的数据分析。Microdrones md4-1000 无人飞机在城市道路和稀疏道路环境下的无人飞机航迹规划实验情形如图 1–11 所示。图（a，b）是控制软件中的无人飞机路径规划图和实际飞行路径图；图（c，d）是无人飞机在上海市嘉定区曹安公路上的飞行路线情况，分别对应着 Google Earth 地图上的实际飞行路径正视图和俯视图，其中深色路线为规划路线，长 801 m，浅色路线为无人飞机的实际飞行路线，长 820 m，实际飞行路线较规划路线增加了 19 m，飞行距离偏差精度为 +2.37%；图（e，f）是无人飞机在新疆稀疏道路 Google Earth 地图上的起飞过程俯视图和侧视图。

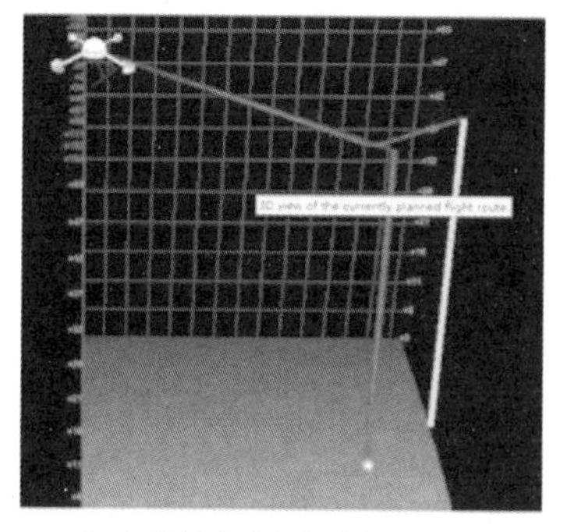

（a）控制软件中的路径规划图

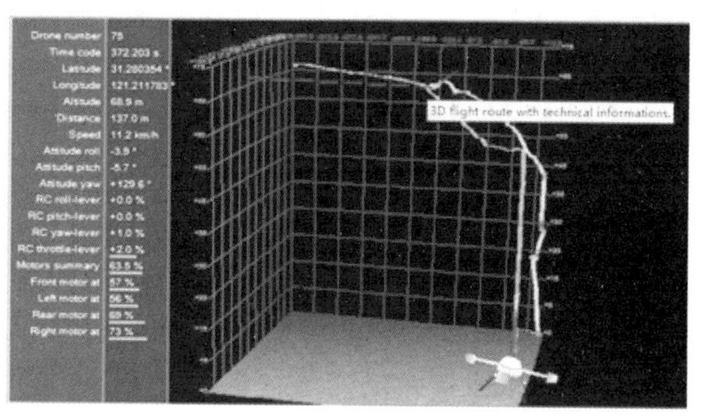

（b）控制软件中的实际飞行路径图

（c）实际飞行路径正视图

（d）实际飞行路径俯视图

（e）飞机起飞过程俯视图

（f）飞机起飞过程侧视图

图 1–11　无人飞机航迹规划情景

试飞对 md4-1000 旋翼无人飞机的使用性能、路线规划、空中监控效果进行了测试，测试分析结果主要包括：

（1）无人飞机的巡航速度较高（能达到 30~40 km/h），能在风力低于五级时飞行，盘旋能力较好，能适用于稀疏道路和城市道路的监控。

（2）在无人飞机的遥控范围内，无人飞机的地面控制基站和无人飞机能进行正常的无线通信，且无人飞机拍摄的视频可实时传回地面控制基站。

（3）由于无人飞机上装载了高精度的定位仪，无人飞机的实际巡航路线和规划路线基本一致，但受到风力因素的影响，无人飞机的实际巡航距离比规划路线距离有所增加。

试飞结果表明：无人飞机在风力低于五级时，可用于交通信息采集、交通事件检测；由于无人飞机的监控视频可实时传输到地面控制平台，其可用于实时的交通管理；无人飞机在稀疏道路、城市道路环境中均能正常工作，是有效采集交通信息，进行交通事件检测的新手段。

1.2.4 交通事故现场查勘

传统的交通事故现场查勘需要对道路进行封闭或局部封闭，然后使用相机对事故现场进行拍照记录，使用卷尺等进行丈量，该方法的道路封闭或交通管制时间一般较长，容易产生严重的交通拥堵。另外，在地面上进行拍照、丈量，可能会造成事故现场的抛撒物、车辆制动印记等的位置改变或破坏，这不利于后期的交通事故鉴定和责任划分。将无人飞机航拍和摄影测量技术应用到交通事故现场的查勘当中，相比于传统的地面调查方法，无人飞机航拍方法具有独特的优势，如机动灵活、对交通干扰相对较小、可从不同高度 / 角度拍摄、获取广域的事故现场照片等。两种方法的对比情况如表 1–8 所示。

表 1–8　地面调查法和航测法的对比分析

方法	地面调查法	航测法
信息获取	√车辆、非机动车、事故受害者 √道路基础设施 √事故抛撒物 √车辆制动印记 √从局部角度拍照	√车辆、非机动车、事故受害者 √道路基础设施 √事故抛撒物 √车辆制动印记 √多角度拍照 √不同的事故物体的相对位置关系
长度或距离测量	确定事故现场标定点的坐标，校正事故现场的照片，获得事故现场的长度 / 距离参数	导入无人飞机航拍图像的位置和姿态测量数据，建立事故现场的三维模型，获取事故现场的长度 / 距离参数
查勘程序	√关闭 / 管制交通流 √使用相机拍摄事故现场，使用卷尺进行丈量 √地面的摄像测量有可能用于获取事故现场的长度 / 宽度信息	√关闭 / 管制交通流 √使用无人飞机从空中进行航拍，对事故现场进行三维重建 √一般从事故现场的三维重建模型中，获取长度 / 宽度信息
查勘时间	查勘通常需要 0.5 h 以上	无人飞机航拍全程一般不超过 10 min

续 表

方法	地面调查法	航测法
缺陷	√长时间的封路或交通管制，容易造成交通拥堵或提高二次事故的风险 √人工拍照或丈量可能破坏事故现场	√在某些天气条件下（大风、雨、雾），无人飞机飞行受到限制 √夜间或光线较差时，无人飞机的航拍图像质量欠佳 √无人飞机飞行管制政策有可能限制无人飞机的使用

基于无人飞机航拍的交通事故现场三维重建方法流程如图 1–12 所示。首先，在不违反所在区域飞行管制的前提下，确定无人飞机的安全飞行净空，安装飞行器电池或机载相机（部分机型无须安装）。然后，规划无人飞机航拍的飞行路径，从不同高度和角度航拍事故现场，获得图像序列。接着，在三维重建软件（如 PhotoScan 或 Pix4DMap）中导入航拍照片（经纬度、高度），进行图像标定。其次，使用从运动中恢复算法（structure-from-motion algorithm）生成稀疏三维点云模型，使用基于面片的多维立体视觉算法（patch-based multi-view stereo algorithm）生成稠密三维点云模型，开展三维点云模型的网格化（Poisson surface reconstruction algorithm）、纹理化处理，优化后输出事故现场的数字表面模型和数字高程模型。事故现场中各物体及相互空间位置，可在重建软件当中测量获得，测量值可与实际的人工测量值进行对比。

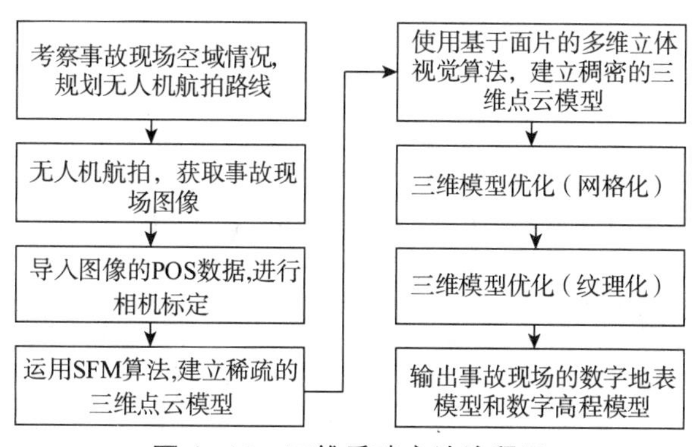

图 1–12 三维重建方法流程图

2018 年 10 月 22 日，本书作者在天津职业技术师范大学校园内，模拟了一起自行车 – 汽车的交通事故，事故现场中有抛撒物、制动印记、停车位等。使用了大疆“Inspire 1”电动 4 旋翼无人飞机，该飞机装有 FC350 相机。航拍包括飞行准备、航拍、飞行器回收 3 个阶段，共耗时 12 min。实验设备和无人飞机飞行路径如图 1–13 所示。

（a）大疆“Inspire 1”无人飞机

（b）无人飞机飞行路径

图 1-13　实验情形

本次航拍高度在 16 m 左右，获取 12 张航拍图像（图像的重叠率不低于 60%），这些图像直接导入到三维重建软件 PhotoScan Pro 当中，进行交通事故现场的三维重建。本次三维重建工作在 Intel Core i7，2.50 GHz CPU，16 GB RAM 的电脑中运行，耗时约 30 min。其中，图像残差如图 1-14 所示，稀疏 / 稠密点云模型、数字表面 / 高程模型如图 1-15 所示。

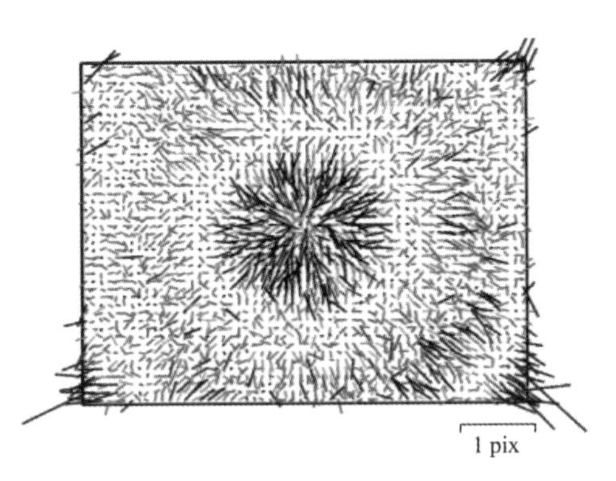

图 1-14　大疆无人飞机 FC350 相机的图像残差

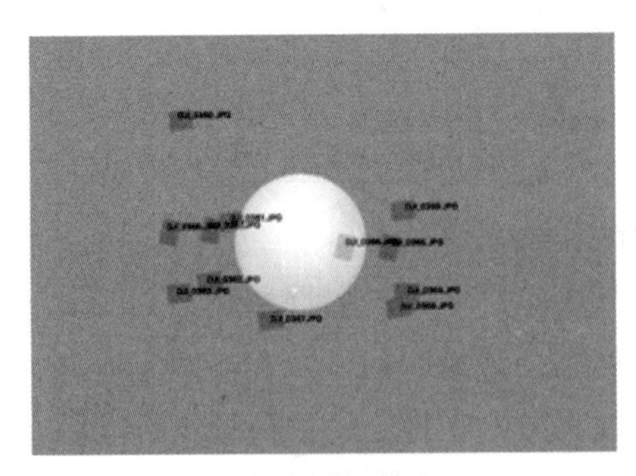

（a）稀疏点云模型

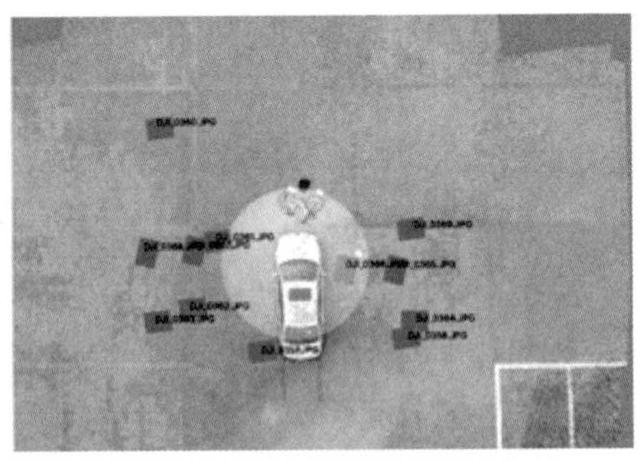

（b）稠密点云模型

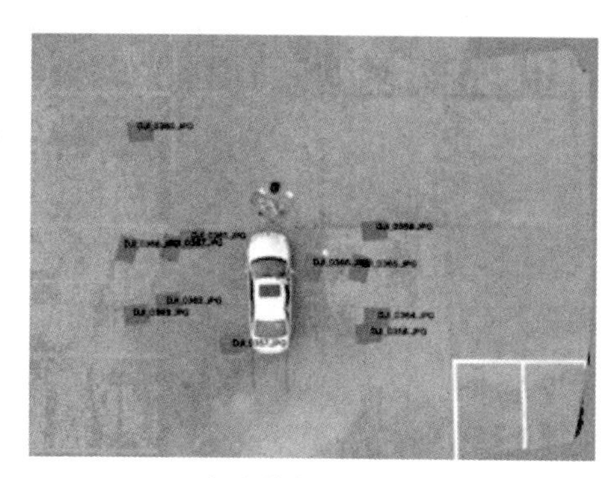

（c）数字表面模型

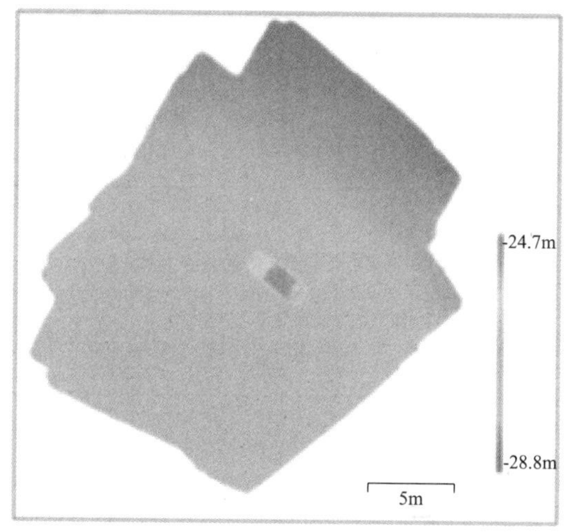

（d）数字高程模型

图 1-15　交通事故现场重建图

为了衡量三维重建的精度和效果，选取了实际事故现场的相关物体做参照（如图 1-16 所示），将人工测量法与三维重建法的测量值进行比较，比较情况如表 1-9 所示。由表可知，最大的绝对误差是 2.7 cm，最大的相对误差比例是 4.6%，这表明三维重建的效果较好。

图 1-16　参照物体及相关尺寸

表 1–9　重建模型的精度分析

项　目	书的长度（*AB*）	自行车和车辆的距离（*CD*）	书和车辆的距离（*EF*）	左侧制动印记的长度（*GH*）	右侧制动印记的长度（*IJ*）	车位宽度（*KL*）
人工测量法（cm）	26.1	43.5	124.6	140.3	145.2	285.7
三维重建方法（cm）	26.8	41.5	122	139	144	283
绝对误差（cm）	0.7	2	2.6	1.3	1.2	2.7
相对误差（%）	2.68%	−4.60%	−2.09%	−0.93%	−0.83%	−0.95%

1.2.5　桥面破损检测

截至 2018 年，中国拥有的桥梁数量超过 10 万座，由于道路超载、设计标准偏低、养护不及时等原因，约有 13% 的桥梁状况欠佳。当前，桥梁检测主要由桥梁检测车、便携式超声波测距仪、探地雷达等设备完成，这些传统的检测手段往往耗时长且价格不菲。本书作者借鉴 1.2.4 节交通事故现场查勘的技术方法，将无人飞机技术用于桥面破损检测。基于无人飞机的桥面破损检测方法主要由无人飞机选型、桥梁位置风险评估、无人飞机飞行任务设计、三维摄影模型重建，以及桥面破损程度评估等步骤构成。无人飞机的选型优先考虑电动、旋翼无人飞机，另外，还要考虑飞行时间、机载相机的分辨率、遥控距离、避碰功能等。桥梁位置风险评估主要考虑桥梁是否位于河流、峡谷等处，桥梁周边是否有建筑物、树木、电力和交通基础设施，以及天气情况等。无人飞机飞行任务设计需要考虑无人飞机的电量、GPS 信号、图传质量等因素，另外，需要设计飞行的路径、高度、拍摄角度等。三维摄影模型重建方法和 1.2.4 节类似。桥面破损程度评估需要设定参照物，分别用人工测量法、三维重建法进行比较研究。

2019 年 3 月 18 日，本书作者对天津市永和大桥的桥面情况进行了航拍，航拍的实验情况如图 1–17 所示。永和大桥建于 1987 年，长 512 m，宽 14.6 m，属于斜拉索桥。由于修建历史较长，桥面有部分破损。大疆“Inspire 1”无人飞机用于航拍，航拍高度 8 m 左右，航拍持续 10 min，航拍图像 10 张（如图 1–18 所示）。三维重建工作在 PhotoScan Pro 软件中进行，三维重建的点云模型、桥面数字表面模型分别如图 1–19、1–20 所示。

（a）永和大桥

（b）实验情景

图 1–17　桥梁检测情景图

图 1–18　10 张航拍照片的空间位置图

（a）稀疏点云

（b）稠密点云

图 1–19　点云模型

图 1-20　桥面数字表面模型

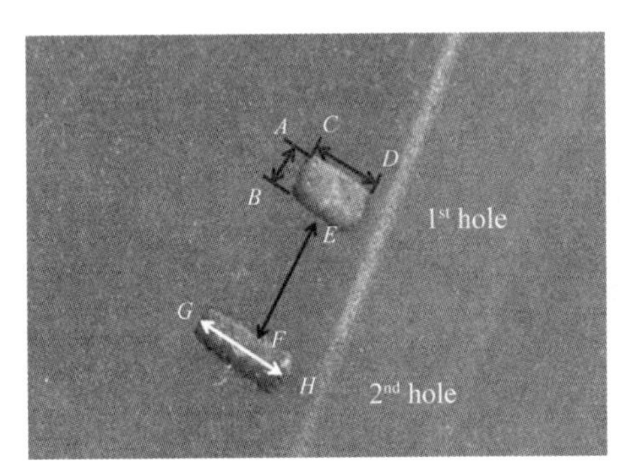

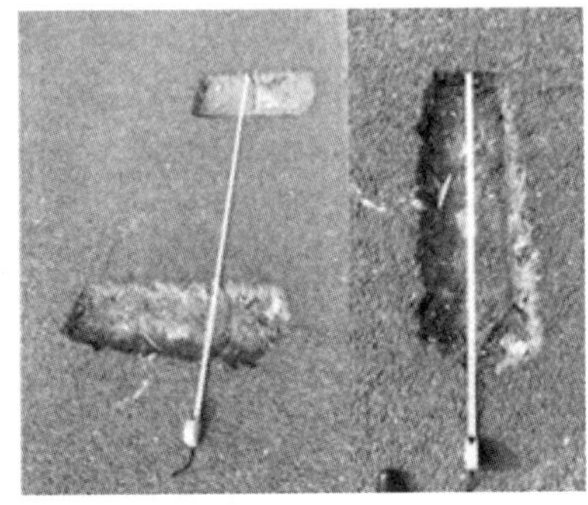

图 1-21　参照物及人工测量情况

为了衡量三维重建的精度和效果，选取了桥面的两处坑洞做参照（如图 1-21 所示），将人工测量法与三维重建法的测量值进行比较，比较情况如表 1-10 所示。由表可知，最大的绝对误差是 3.5 cm，最大的相对误差比例是 3.42%，这表明三维重建的效果较好。

表 1-10　重建精度分析

分析比较	*AB*	*CD*	*EF*	*GH*
人工测量法（cm）	37.6	63.3	102.3	86.5
三维重建方法（cm）	36.6	61.3	98.8	84.8
绝对误差（cm）	−1.0	−2.0	−3.5	−1.7
相对误差（%）	−2.66%	−3.16%	−3.42%	−1.97%

1.3　研究范围及意义

1.3.1　研究范围

结合稀疏路网的道路交通监控需求，研究范围是稀疏路网中的道路，而非城市道路、经济发达地区的稠密道路，也并非是整个稀疏道路网络，本研究统一将稀疏路网中的道路简称为“稀疏道路”。研究内容是稀疏道路的地空交通检测设备布局，本研究针对稀疏道路的交通事件检测。

要实现稀疏道路交通监控系统的事件检测功能，一方面需要充分利用地面固定型交通检测设备的定点、连续的交通监控优势；另一方面需要突破空间距离因素、特殊自然地理条件对交通监控的影响。因此，本研究引入先进的无人飞机技术，发挥其机动、灵活、侦察范围广（多机协作方式）的优势，改善稀疏道路条件下道路交通检测设备覆盖率低的状况，建立面向事件检测的稀疏道路地面、空中、地空结合的交通监控系统。

1.3.2 研究意义

结合稀疏道路的交通监控需求，进行地面、空中、地空结合的交通检测设备布局，提出面向事件检测的稀疏道路地空交通检测设备布局的技术与方法，为稀疏道路的交通监控提供一定的决策支持。研究意义在于：

（1）实际意义

紧密结合我国西部地区稀疏路网的特点，将无人飞机技术引入到稀疏道路的交通监控当中，建立符合稀疏道路交通监控需求的地空交通检测设备布局技术与方法，提高稀疏道路交通运行状态的监控水平，改善稀疏道路的交通安全水平，并将研究成果应用到我国西部地区，对减少人员和财产损失、保障交通安全以及提高西部路网的管理和服务水平将具有重要的意义。

（2）理论意义

有别于传统交通检测设备布局的应用范围——城市道路、稠密道路等高流量道路，本研究将交通检测设备布局的应用范围拓展到低流量的稀疏道路，建立面向事件检测的地面交通检测设备布局模型、求解算法；提出稀疏道路条件下的无人飞机飞行小区的划分方法，建立无人飞机路径规划的多目标优化模型、求解算法；构建适合于稀疏道路实际情况的地空交通检测系统，提出地空交通检测系统事件检测的数值模拟方法，并进行事件检测效果评价，探索无人飞机技术在交通事件检测中应用面临的问题，从而给智能交通系统（Intelligent Transportation Systems，ITS）引入全新的交通信息采集方式，同时开拓交通事件检测应用的新范围，丰富、发展智能交通系统中的交通检测设备布设理论与方法。

1.4 本书的主要研究内容

本研究立足于稀疏道路的交通事件检测，进行地空交通检测设备的布局研究，从地面、空中、地空结合三个方面进行深入研究：

（1）综合分析现有地面交通检测设备的分类、特点、适用范围，确定符合稀疏道路交通事件检测需求的交通检测设备，提出适合于稀疏道路的事件检测方法，建立面向稀疏道路事件检测的地面交通检测设备布局优化模型，并设计求解算法，该布局优化模型以交通事件检测最大为优化目标，约束条件包括检测器的间距要求、检测器的成本等，决策变量为各类检测器的安装位置。

（2）根据地面固定型交通检测设备的布置情况，确定无人飞机的侦察路段、节点，对无人飞机的巡航路线进行优化设计。首先，稀疏道路所在地区地域广袤，无人飞机的飞行距离有限，同时，从交通监控的及时性出发，需要对无人飞机的飞行区域进行划分。其次，无人飞机的路径规划存在多种（静态、动态）情景。针对这些情景，构建无人飞机路径规划的多目标优化模型，模型的优化目标包括尽可能多的侦察目标、侦察任务的总代价（距离、总飞行时间或其折算值）最小、无人飞机使用数量最少、多无人飞机协同性最好等。再次，设计无人飞机路径规划的多目标优化求解算法，论证算法的可行性和有效性。

（3）结合地面交通检测设备，引入无人飞机进行交通事件检测，建立地空交通事件检测系统；明确稀疏道路地空交通检测设备的事件检测机制，提出稀疏道路交通事件检测的数值模拟方法；进行多情景的地空交通检测系统的事件检测数值仿真，评估不同情景下的事件检测效果。

参考文献

［1］王兵，孙文磊，甘琴瑜．基于GIS-T的广域稀疏路网交通事故应急救援资源调度技术研究［J］．公路与汽运，2010，9（5）：59-62.

［2］贺国佑，刘锋民．新疆自然环境条件对公路建设的影响及其对策［J］．公路交通技术，2007，23（5）：123-126.

［3］交通部公路科学研究院．G045线赛里木湖至果子沟口段公路改建工程施工图设计安全性评价报告［R］，2008.

［4］交通部公路科学研究院，新疆交通科学研究院．G314线库尔勒至库车段高速公路工程施工图设计安全性评价［R］，2008.

［5］袁文平，蔡晓禹，杜豫川．上海城市快速路交通监控系统架构及模型［J］．同济大学学报（自然科学版），2007，35（3）：330-335.

［6］CHAN S,LAM H K. Optimal Speed Detector Density for the Network with Travel Time Information［J］. Transportation Research Part A: Policy and Practice, 2002, 36（3）: 203-223.

［7］DIA H, ROSE G. Development and Evaluation of Neural Network Freeway Incident Detection Models Using Field Data［J］. Transportation Research Part C: Emerging Techno

Logy, 1997, 5（5）: 313-331.

［8］姜桂艳 . 道路交通状态判别技术与应用［M］. 北京：人民交通出版社，2004.

［9］NONAMI K. Prospect and Recent Research & Development for Civil Use Autonomous Unmanned Aircraft as UAV and MAV［J］. Journal of System Design and Dynamics, 2007, 1（2）: 120-128.

［10］COIFMAN B, MCCORD M, MISHALANI R G, et al. Surface Transportation Surveillance from Unmanned Aerial Vehicles［C］.The 83rd Annual Meeting of the Transportation Research Board, 2004: 1212-1222.

［11］COIFMAN B, MCCORD M, MISHALANI R G, et al. Roadway Traffic Monitoring from an Unmanned Aerial Vehicle［J］. IEEE Proceedings of Intelligent Transportation Systems,2006, 153（1）: 11-20.

［12］PURI A, VALAVANIS K, KONTITSIS M. Generating Traffic Statistical Profiles Using Unmanned Helicopter-Based Video Data［C］.2007 IEEE International Conference on Robotics and Automation, 2007: 870-876.

［13］XU Y, YU G, WU X, et al. An Enhanced Viola-Jones Vehicle Detection Method from Unmanned Aerial Vehicles Imagery［J］. IEEE Transactions on Intelligent Transportation Systems, 2017, 18（7）: 1845-1856.

［14］LIU X, ZHAO L, PENG Z, et al. Use of Unmanned Aerial Vehicle and Imaging System for Accident Scene Reconstruction［C］.The 96th Annual Meeting of the Transportation Research Board, 2017: 453-467.

［15］新华网 .200 架无人机集群飞行：我国再次刷新固定翼无人机集群飞行纪录［EB/OL］.［2019-02-28］. http://baijiahao.baidu.com/s?id=1600514740993137092&wfr=spider&for=pc.

［16］HOLLAND O, WOODS J C, NARDI R Z, et al. Beyond Swarm Intelligence: The Ultraswarm［C］.Proceedings of the IEEE Swarm Intelligence Symposium, 2005: 234-241.

［17］VALENTI M, BETHKE B, Daniel D, et al.The MIT Indoor Multi-Vehicle Flight Testbed［C］. Proceedings of the IEEE International Conference on Robotics and Automation, 2007: 120-135.

［18］贾高伟，侯中喜 . 美军无人机集群项目发展［J］. 国防科技，2017,38（4）: 53-56.

［19］中国指挥与控制学会 . 为什么集群无人机是趋势，它的关键技术是什么？［EB/OL］.［2018-02-28］. http://www.sohu.com/a/205874254_358040.

第 2 章　地空交通检测设备布局理论

2.1　地空协同的交通检测设备布局

2.1.1　地空协同的内涵

地空设备的协同在军事领域有一定的应用，如网络化防空体系各作战平台协同目标分配问题、飞机协同空地作战问题。前者是将网络化体系中 N 个不同的作战平台抗击 M 个不同的空中威胁目标，如何合理地将不同的目标分配给不同的作战平台，使预期的攻击效果达到最佳，其类似于任务分配问题，属于非确定性多项式时间问题；后者主要包括飞机的协同控制、飞机协同态势感知、协同目标分配、飞机协同航路规划、毁伤效能评估、智能决策等，其实质是飞机协同空地作战问题的研究框架，并没有实际的数据建模与案例分析验证。

Chaimowicz 和 Grocholsky 等提出了地空机器人的协同工作，认为地空机器人的协同工作在军事和非军事领域都有重要的作用。在军事应用中，当通信和 GPS 定位失效的时候，无法对拥挤的城市环境进行侦察和探测，无人飞机能够显著地帮助地面车辆，对它们提供定位数据和起到通信中继的作用；非军事应用中，地空协作平台能够帮助研究人员低成本地获得遥远区域、不可抵达区域的环境影像监测。

地空设备结合方面，闫庆雨进行了基于地空信息采集技术的稀疏道路交通事件检测策略研究，其具体做法为：在常规地面检测器组合优化布局的前提下，对无人飞机在飞行分区内的巡逻路线优化问题进行抽象，建立无人飞机巡逻路线优化模型，目标函数是无人飞机巡航距离最短，针对模型所属的类 TSP（Traveling Salesman Problem）问题，比较了不同求解方法的优缺点，并选择遗传算法进行优化求解，验证了该模型的应用可行性。其实质仍是无人飞机的路径规划问题，并没有考虑引入无人飞机之后，道路交通检测系统如何构建、道路交通检测系统的事件检测效果有何改善等问题。

在稀疏道路的交通监控当中，如何将地空交通检测设备结合起来，如何开展地空交通检测设备布局优化，需要进行深入研究。在研究之前，需要明确稀疏道路的交通监控当中，地空协同的内涵是什么，本研究认为地空协同主要包括两个方面的内容：

（1）静态的地空协同。根据交叉口、路段的重要程度（如交通安全水平较差的交叉口、路段），考虑交通投资的约束，在相关交叉口、路段安装交通检测设备，进行道路交通监控；针对未布设交通检测设备的交叉口、路段，分配给无人飞机进行监测，从而对传统的地面交通监控进行有效补充。

（2）动态的地空协同。车辆载运多架无人飞机，无人飞机从车辆起降；位于车辆的地面控制站，进行车辆、无人飞机侦察目标的分配，并给出车辆、无人飞机的巡查 / 巡航方案；当存在突发的交通监测需求，车辆（地面控制站）进行无人飞机（集群）的巡航路径动态规划，然后，无人飞机（集群）按新的规划路径进行巡航侦察；无人飞机在空中进行交通监测，监测到事故后，无人飞机通过机载相机或机载雷达获取事故现场的图像和点云信息，并返回给车辆（地面控制站）；最后，基于图像和点云信息，开展事故现场的重建研究。地（车辆）– 空（无人飞机）协同监测的逻辑关系如图 2–1 所示。

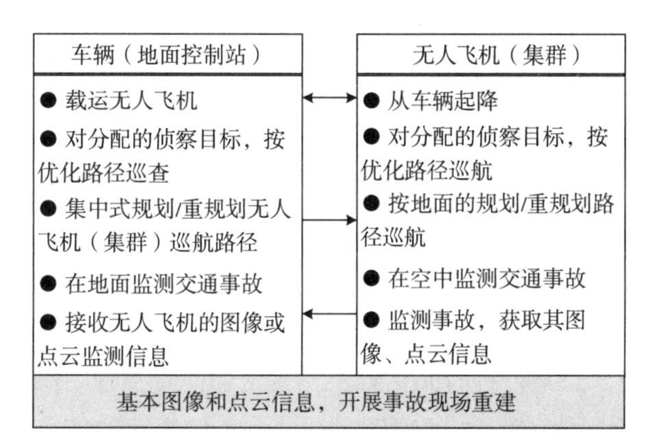

图 2–1　地（车辆）– 空（无人飞机）协同监测的逻辑关系图

2.1.2　无人飞机信息平台工作原理

无人飞机起飞后按照预设的航线飞行，在飞行的过程中机载传感器对地面监测，并通过无线传输系统，实现侦测图像和信息的实时传输功能。无人飞机信息平台的工作原理，如图 2–2 所示。

无人飞机采集交通信息的主要流程为：（1）确定侦察目标后，可在无人飞机的控制平台上输入侦察目标的空间位置及侦察顺序，确定无人飞机的航线轨迹；（2）无人飞机起飞后按照预设的航线飞行，在飞行的过程中机载高清摄像机对地面摄像，并通过无线传输系统，实现侦测图像的实时传输功能，为管理人员提供实时的交通监控视频；（3）通过人工观测方法或图像识别处理方法从无人飞机监控视频中提取交通信息；（4）结合交通分析方法，获得各种交通参数和检测交通事件。

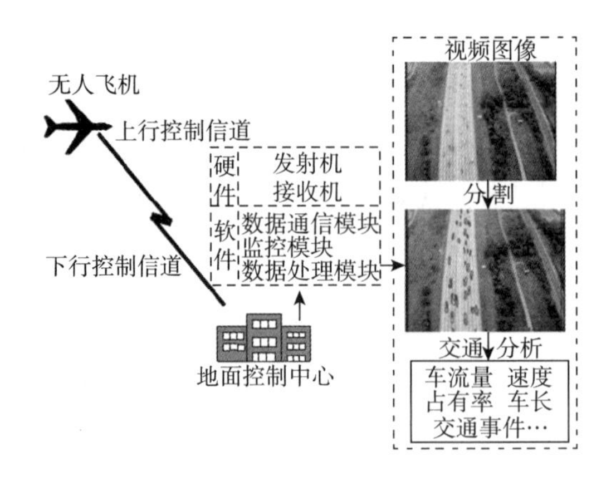

图 2-2　无人飞机信息平台工作原理图

2.1.3　地空协同的交通检测设备优化布设方法

地空协同的交通检测设备优化布设涉及三个方面：地面交通检测设备布局优化；无人飞机的交通监控小区划分和巡航路径协同优化；地（车辆）-空（无人飞机）的巡航路径优化。

（1）地面交通检测设备布局优化

针对高流量道路，交通检测器的布局优化主要有三个目的：一是交通起讫点（Original-Destination, OD）估计，二是行程时间估计，三是交通流量估计。围绕不同的布局优化目的，可以优化布设线圈、地磁、车牌识别系统、电子标签系统等。但是，如何针对低流量的稀疏道路，开展交通事件检测的研究较少，本研究将在第 4 章做专题研究。

（2）无人飞机的交通监控小区划分和巡航路径协同优化

稀疏道路所在区域地域广袤，无人飞机的侦察目标较多，且分布相对离散，而民用无人飞机的最大飞行距离有限，不可能仅用一架无人飞机完成对所有侦察目标的监控，因此，需要进行无人飞机监控小区的划分，并在每一监控小区部署若干架无人飞机。在给定的某一监控小区，优化无人飞机的巡航路径，以最少的成本、最好的效益完成交通监控任务。无人飞机的交通监控小区划分方法在 2.3 节中予以阐述，静态和动态的无人飞机路径多目标优化方法在第 5 章和第 6 章予以阐述。

无人飞机的协同主要体现在侦察目标的任务分配协同、多无人飞机巡航协同，多无人飞机巡航协同考虑多种特定场景，分别是部分无人飞机失效、侦察目标临时增加、起降点的移动、优化目标的变化。无人飞机集群协同的构成关系如图 2-3 所示。

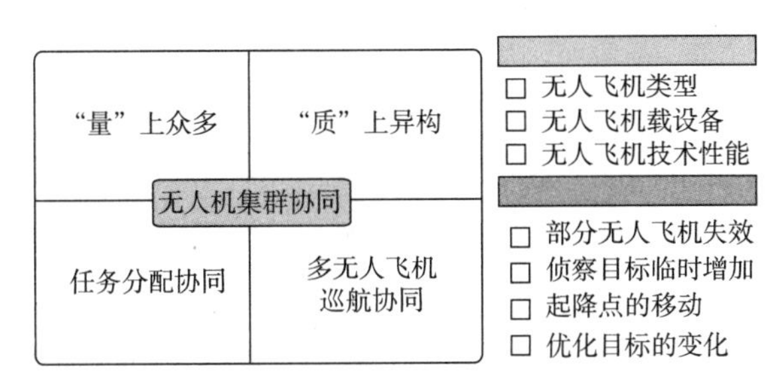

图 2-3　无人飞机集群协同的构成关系图

（3）地（车辆）-空（无人飞机）的巡航路径优化

综合考虑不同路段和节点的地理位置、线型特征、交通事故水平、自然灾害情况等，对需要监测的路段和节点进行地面和空中监测的适应性划分。综合路段、节点的地空监测适应性情况以及空间聚类结果，优化调整，并最终确定车辆和无人飞机的巡查 / 侦察目标。

以车辆巡查的起点、终点、路段（转化为首末两个节点，两个节点必须相邻）和交通节点为整体，由于车辆需要进行稀疏道路的巡查，其巡查的起点和终点很可能不一致，因此，需要虚拟一条从终点到起点的返回路径，以建立闭环的车辆巡查的 TSP 问题。该问题以车辆巡查的路径最短为优化目标，从起点出发，巡查每个路段和交通节点，到达终点，并从终点返回起点；然后，用该遍历的路径长度减去虚拟的终点到起点的距离，作为实际的车辆巡查路径长度，该值即为所需优化的目标。

2.2　地面交通检测设备布局

2.2.1　地面交通检测设备的类型及特点

现有交通信息采集方式大致可分为两种：一是固定型交通检测器，主要包括线圈检测器、红外线检测器、雷达检测器、超声波检测器和视频检测器（含车辆牌照自动识别系统）；二是移动型检测器，如浮动车、基于蜂窝网络的手机定位、车载射频识别系统等。

与早期的人工数据采集方式相比，固定型交通检测器具备众多优势，它节省了大量的人力物力，避免了人工因素所带来的局限性。通过固定型交通检测器的安装，达到对定点区域的交通状态实时、全天候的观测，其中当前常用的固定型检测设备包含线圈检测、红外线检测、雷达检测、超声波和视频检测等，这些检测设备的工作原理、检测参数、检测精度、受环境天气影响情况、安装维护、检测范围、通信供电方式等如表 2-1 所示。

表 2–1　固定型交通检测器特点比较

项目	环形线圈检测器	视频检测器	微波检测器	红外线检测器	超声波检测器
工作原理	线圈电磁感应变化	图像处理	微波反射回波原理	物体反射的红外线能量的差异	超声波反射回波原理
检测参数	车速、车流量、占有率等	流量、车型分类、占有率、车速、排队长度等	流量、速度、占有率、车型等	流量、占有率、车速、车辆高度、车型分类等	车速、车长、行车间距、流量、占用率等
检测精度	测速和交通量计数精度较高；车间距小于 3 m 的时候，检测精度大幅度降低	支架晃动、镜头表面积尘导致检测精度稳定性不好	单车瞬时车速测速性能差；精度会受周围地形条件的影响	受车辆本身热源影响，检测精度不高	受车型、车高变化的影响，检测精度较差
受环境天气影响情况	全天候工作，不受气候和光照等外界条件影响	易受现场照明条件限制；受雨、雪、雾等恶劣天气影响较大	能够全天候工作，恶劣天气下检测性能出色	工作性能易受环境温度、气流、灰尘、冰雾等影响	受大风、暴雨等影响；探头下方通过的人或物会造成误检
安装维护	安装对路面具有破坏作用；易被重型车辆、路面修理等损坏，维护成本高	摄像机可安装在路边灯杆的臂杆上，易于安装和调试	可安装于路侧立柱或类似结构上，安装维护方便	悬挂式或路侧式车辆检测器，安装维护方便	采用悬挂式安装，使用寿命长，可移动，架设方便
检测范围	单线圈不能同时探测多车道	可多车道检测	侧向安装可检测多个车道	通过侧向安装可检测多车道	检测范围呈锥形，横向检测范围可覆盖 1~3 条车道
通信供电方式	可有线、蓄电池供电	能通过同轴电缆、光纤、双绞线、无线射频或微波等方式通信传输	可无线、有线数据传输；可有线、太阳能蓄电池供电	被动型能耗要求较低，可通过太阳能板来续航	可有线、蓄电池供电

由表 2–1 可知，红外检测器、超声波检测器的工作状态容易受到温度、灰尘、大风等的影响，而稀疏道路所在地（如新疆维吾尔自治区）具有明显的风沙、低温等气候特征，红外检测器、超声波检测器在稀疏道路条件下无法适用。虽然微波检测器、线圈检测器的工作状态受环境因素影响较小，能够用于交通信息的采集，但是对低流量的稀疏道路的交通事件检测效果欠佳。

近年来，建立在视频检测器基础上的车辆牌照自动识别系统（也称为高清卡口系统）得到了广泛的应用，该系统主要由车辆检测、摄像机及照明、图像采集系统、计算机、实时车辆车牌识别软件、数据管理等部分组成。其中，摄像机被架设在公路中央高处，镜头对准处理车辆的前部或后部，为提高行驶车辆图像的获取质量，一般配置辅助的补光设备。

车辆牌照自动识别系统基本工作原理为：当车辆通过车体位置传感器的敏感区域时，传感器发送一个信号给图像采集控制部分，采集控制部分控制摄像机采集一幅汽车图像送至图像预处理模块，由预处理模块对输入图像进行简单与处理后送入 PC 机内，PC 机内的软件模块通过图像的预处理、车牌提取、车牌图像二值化、字符切分、字符识别等几个环节，最终达到对车牌字符的再现，给出识别结果，并把识别结果和图像存入数据库中，留待以后车牌查询、交通流量统计和收费管理。车牌自动采集过程如图 2-4 所示，当车辆经过监控车道安装的环形感应线圈时，触发高清牌照摄像机对车辆进行拍照，照片被存储在信息平台中。

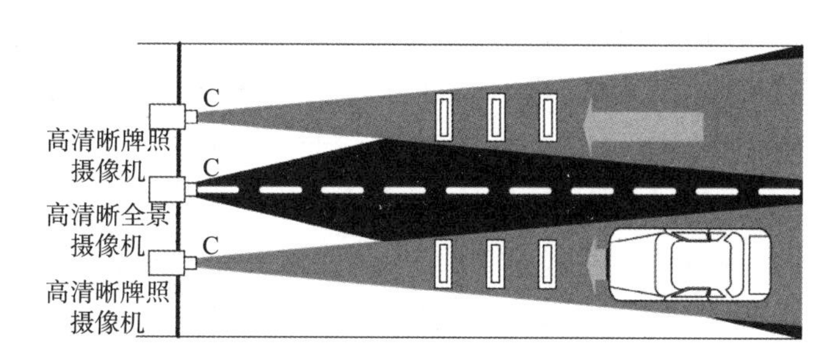

图 2-4　车牌自动采集原理图

一个实用的车牌自动识别系统应具备以下特点：（1）人工干预少，自动化程度高；（2）具有很高的识别率；（3）具有实时的数据处理能力，完成一辆车的车牌识别时间为 0.5~1 s，否则会造成对下一辆车的漏识；（4）能够在公路环境中全天候工作，能适于白天、黄昏、黎明、多云、阴天等条件。

目前，很多科研工作者对车牌自动识别系统的关键模型车牌提取、车牌图像二值化、字符切分、字符识别等进行研究。在国外，数学形态学、边缘提取、梯度特征合成、基于神经网络的颜色分层、矢量量化等方法被应用于车牌定位和识别。在国内，白洪亮和娄正良等提出了高速公路复杂背景下的基于形态学的车牌定位和识别系统，该系统包括图像垂直边缘检测、边缘密度图生成、图像二值化和膨胀、连通域分析、车牌定位、基于先验知识的车牌字符分割和车牌字符识别。使用了高速公路上采集的 9 825 幅图像数据库进行测试，车牌定位率为 98.1%，车牌识别率为 89.2%。黄腾提出了改进的 Bernsen 二值化算法对图像二值化，进行车牌定位；利用改进的图像增强方法对低分辨率图像进行增强处理，利用连通元的中心斜率和投影分析法完成校正，结合标准规格去噪后，采用投影法实现字符分割；提出了基于结构特征的编码识别方法，模板匹配方法以及改进的 BP 神经网络识别方法，进行字符识别。实验结果表明，定位正确率达 98% 以上，字符分割率达 97.3% 以上，字符识别率达 98% 以上。张玉娇和史忠科提出了一种基于模糊边缘检测和纹理特征的牌照提取方法，对在路口采集到的 400 多个样本（包括各种车型）进行了测试，天气较好、光线柔和的条件下定位正确率为 98%。

上述研究表明，当前的车牌自动识别技术水平较高，车牌的字符识别率在理想条件下能达到 98% 以上。但是，车牌自动识别系统的实用效果还有待于进一步提高，其困难主要表现在：系统的构成环节较多，任何一个环节的失误都会影响系统的性能；拍摄车辆图片的质量，车牌在车辆上的位置不固定，都会给车牌自动识别带来困难。

在稀疏道路条件下，风沙较大，会严重影响车辆图片的拍摄质量，从而影响车牌自动识别系统的车牌识别效果。部分企业（如国内的上海宝康电子控制工程有限公司）针对稀疏道路所在地的气候条件，对车牌自动识别系统进行了多方面的升级改造，升级改造项目包括：（1）采用高灵敏度、高分辨率的摄像机，提升车辆检测的准确性；（2）采用视频检测与线圈检测的冗余检测模式，两种模式之间自动切换，保证设备长时间稳定运行；（3）采用高稳定性的嵌入式设备，提高高清卡口系统的整体可靠性；（4）采用可控窄脉冲补光、高亮发光二极管补光技术，改善夜晚、阴雨天环境照度低的问题，抓拍清晰的车辆图像；（5）采用自主的曝光算法，具有雨雪天气、黄昏、逆光、顺光、侧光、高纬度、夜间车头大灯、高速运动等多种抓拍模式，自动适应各种环境情况。通过这些改造措施，可有效地提高车牌识别效果。

虽然固定型交通检测设备能够对定点区域范围的交通运行状况进行连续的监测，但是覆盖范围有限，移动型交通检测设备则可以弥补这一不足。现有移动型交通检测技术包括浮动车技术、手机定位技术、RFID 技术等，这些技术通过车载设备或手机，综合全球定位、通信、数据存储和地理信息系统等技术，实现动态交通信息采集。

1. 浮动车技术

浮动车技术是指一定数量的车辆（如出租车、试验车等）装载特定的设备（如全球定位系统等），在道路中行驶，并将车辆的实时行驶状态信息，如车辆编号、经纬度坐标、速度、方向、时间等，通过无线通信网络发送到交通信息中心。根据个体浮动车的行驶状态信息，可以获得浮动车所经过道路的车辆行驶速度、道路的行车旅行时间等信息；根据浮动车的速度变化情况，结合相关交通事件判断准则，可进行交通事件检测分析；当浮动车数量足够大时，其行驶速度可定期、实时地传输到交通信息处理中心，经过处理后，可获得城市动态、实时的交通状态及拥堵信息。

目前，围绕浮动车的应用研究包括交通信息采集与处理、动态 OD 估计、出租车管理、路网可靠性与可达性评价、浮动车数据路网覆盖能力、交通参数估计与交通状态判别、车辆油耗分析等方面。

（1）交通信息采集与处理

姜桂艳等以提高 GPS 浮动车交通信息采集系统数据利用效率、优化系统开发和运行模式为目标，以面向对象理论为基础，在进行系统需求分析与结构框架设计的基础上，确定了交通信息采集系统的数据流图，提出了一种层级数据组织方法，并设计了交通信息采集系统动态数据库概念模型和逻辑模型。姜桂艳等设计了能够区分车流不同行驶方向统计交通数据的方向路段划分方法与区分路段不同位置统计交通数据的子路段划分方法，以便从路网空间数据结构方面改善交通状态判别和车辆动态导航系统的信息基础。刘宇环针对低频浮动车数据的特点，在考虑 GPS 误差等影响因素的前提下，筛选候选链路，利用最短路算法获得浮动车行驶的候选径路集，并通过模糊逻辑推理确定最终的行驶径路，建立了基于低频浮动车数据的地图匹配算法，并结合北京市路网对算法进行了验证。孙威巍考虑存在多类型浮动车，且不同车型之间车辆性能不同，使用人工神经网络技术对浮动车速度和高速公路路段速度进行了建模，利用机场高速上的浮动车数据进行验证，并与基于贝叶斯网络的方法进行了比较。

（2）动态 OD 估计

赵慧和于雷等提出了基于浮动车和 RTMS（Remote Traffic Microwave Sensors）数据的动态 OD 估计模型，并分两个阶段实现：第一阶段是利用 RTMS 数据进行静态 OD 反推，获得与现实 OD 需求相匹配的静态控制 OD 需求；第二阶段是基于浮动车数据和 RTMS 数据计算得到每个 OD 对的时变拆分比例，并用该比例拆分静态控制 OD 获得动态 OD 需求。聂庆慧提出了一种考虑交通传播特性的城市路网动态 OD 在线估计方法。在动态 OD 在线估计方法研究过程中，沿用传统 OD 结构分解思想，考虑 OD 流量自身所具有的结构性和随机性特征，提出了基于时间序列分解技术的动态 OD 在线估计框架，将动态 OD 在线估计问题分解为动态结构 OD 离线估计和动态结构偏差 OD 在线估计两个部分。

（3）出租车管理

以出租车作为浮动车，以浮动车的交通数据采集系统为基础，采集数据包含了出租车运营的事件信息和状态信息，通过大量样本数据的分析和预处理，完善了面向出租车运营管理应用的广域浮动车数据处理方法体系，提出了基于浮动车数据的出租车运营管理指标计算模型。翁剑成等以北京为例，针对每日运营里程、每日运营时间、里程利用率、时间利用率、车辆时空分布等指标进行了分析，获取了北京市出租车运营状况的重要参数。关金平等采用 FCD（Float Car Data）进行要素筛选、特征提取、聚类分析、归纳统计等，得到深圳特区出租车空驶分布特征。宋成举等综合考虑出租车、出租车公司和管理部门之间的博弈关系，给出博弈参与者策略集，分析不同策略组合下各参与者的收益函数，建立了不同策略组合条件下的收益矩阵，采用复制动态方程描述博弈参与者策略变化，应用系统动力学软件构建管理策略仿真环境，仿真分析不同策略条件下博弈参与者策略变化曲线。

（4）路网可靠性与可达性评价

陈会娟通过基于 FCD 的城市居民出行特征建模，得出一次出行的非直线系数，在此基础上加载交通流量，进行动态非直线系数分析，进而对城市道路交通网络的可靠性进行评价。Li Qingquan 等结合浮动车的运行速度，运用网络 Kernel 密度评价法和网络线性密度评价法，考虑时间和距离限制，分析景点的可达性。孙耿杰以出行距离或出行时间作为可达性的量度，用目的地吸引力的大小表达出行者选择目的地的概率，以此对出发地至目的地的空间阻隔进行加权平均；将可达性模型中反映距离阻抗影响程度的参数取值，根据不同的出行目的进行划分。

（5）浮动车数据路网覆盖能力

辛飞飞和陈小鸿等以出租车作为浮动车数据采集探测车，针对探测车在路网上行驶的不确定性，提出了浮动车数据路网覆盖能力的概念，研究了覆盖能力与探测车样本量之间的关系。王许涛在模型中加入路网结构描述变量，运用多元线性回归方法，建立浮动车路网覆盖率的宏观模型。同时，从覆盖率的影响因素入手，以路网中的链路为研究对象，探讨链路等级、链路所在区域等链路属性对单位时间内（5 min）浮动车通过该链路次数的影响，运用极大似然估计法，建立了浮动车系统路网覆盖率的微观模型。唐克双等对复杂路网条件下基于浮动车 GPS 数据的交通状态估计精度的评价问题，开发了基于交通仿真软件 VISSIM 的仿真分析平台。通过构建和标定上海市陆家嘴地区的大规模微观仿真路网，系统分析了浮动车比例和数据采样频率两个参数对于浮动车路网覆盖率和平均行程车速相对误差的影响，并给出了两个参数的最优取值建议。张杰超基于滴滴浮动车 OD 行程数据，提出了以浮动车 OD 行程数据为基础的，面向重大交通枢纽的交通运行规律分析方法以及区域交通运行状况评价方法。

（6）交通参数估计与交通状态判别

邹亮和徐建闽等综合考虑了浮动车检测技术与感应线圈检测技术的优缺点，为了提高道路行程时间估计的精度及完备性，提出了基于浮动车与感应线圈的融合检测技术的行程时间估计模型。朱鲤和杨东援建立了在定位误差、采样间隔、车辆类型、道路类型等因素影响下的行程车速估计模型，针对城市复杂和相似路段问题，提出了基于距离、方向角、连通性、历史数据以及车流方向等约束条件下的地图匹配算法，针对低采样频率浮动车数据，提出了考虑交叉口影响下的行程车速估计算法，并用实测数据对模型进行精度验证。李昊和罗霞等利用浮动车信息采集系统预测路段行程时间，实现对带时间窗的混合车辆配送路径选择的优化，提出了带时间窗的混合车辆路径选择优化问题的求解模型，设计了浮动车地图匹配和路段行程时间预测算法。张鉴豪提出了基于单截面和多截面交通数据的交通状态判别方法。张东波针对当下海量交通状态数据处理面临的问题，分别从大数据聚类算法、浮动车交通参数估计、交通状态信息估计以及大规模交通路网的最短路径诱导算法等方面展开研究。以海量浮动车数据为对象，设计了一种分布式计算框架来计算交通参数，设计了一种基于 Bigtable 的多维浮动车数据模型，存储实现管理分布式海量浮动车数据。

（7）车辆油耗分析

涂钊利用常用的浮动车数据提供路段平均速度动态量化路网油耗水平；另一方面，扩展断面速度反推路段平均速度，实现了通过交通检测器数据动态量化大范围路网油耗的水平。靳秋思以聚类原则下的交通指数与速度分布数据为基础，结合车载尾气检测系统获取的机动车排放数据和手持式全球定位系统采集的机动车行驶工况数据，测算了相应分类原则下快速路、主干路、次支路、全路网机动车油耗排放因子与交通指数的关系曲线及拟合函数，进行了不确定性测算。王静旖建立了基于交通指数的 VKT 和排放量在速度区间下的分布模型，分析了路网运行特征及其排放影响。

浮动车技术也存在一些不足，主要表现在：浮动车数据的可靠性会受到驾驶人员和记录仪器的双重影响，特别是 GPS 卫星信号强度很容易受群楼建筑物的影响；另外，整个路网行程时间的估计仅依靠某一特定测试车（主动）或给定样本车辆（被动）会带来误差，且浮动车数量的大小，对交通信息的准确性影响较大。

2. 手机定位技术

手机定位技术是指通过分析手机与固定基站或收发信机之间传输的特殊信号参数（电波强度、传播时间或传播时间差、到达角等）估计目标手机的几何位置。在交通领域，利用手机定位技术可以获取大量的交通出行者不同时段的空间位置，由此推断交通出行者的出行特征，如出行起讫点、出行链等宏观信息以及手机的时空轨迹等微观信息。

孙棣华和马丽等通过移动通信网络获得在路手机的位置及运动速度，作为检测信息，应用聚类分析估计在路车辆运行状态，实现高速公路交通参数的实时估计。孙棣华和陈伟霞提出了基于手机定位的高速公路事件检测方法。该算法以在路车辆上每部手机的定位数据为基础，获取平均速度、速度标准差和速度变化系数作为特性参数，采用模糊综合评判方法判断道路交通行状态，实现高速公路事件的自动检测。杨飞和惠英等提出了道路行程车速的计算流程和切换路网标定方法，从切换序列稳定性、切换位置精度和实际手机样本量三方面对标定方法的适用性进行分析，指出该方法在开阔、低密度开发环境下的高速公路及红线宽度较大的城市快速路的适用性较好。

袁月明针对手机切换定位技术的特点，研究提出了基于手机切换定位技术的地图匹配方法、交通参数估计方法、交通状态辨识方法以及最小样本量估计方法。关志超和胡斌等提出了基于手机数据的城市交通信息采集技术，该技术通过分析公众出行轨迹链、OD，识别交通方式和分析活动范围，得出公众出行特征数据，运用手机定位技术完成信息采集。并设计出基于手机数据移动计算的城市交通决策支持系统，完成土地利用特性划分、交通小区映射、交通 OD 预测等工作。杨彬彬以小区识别定位技术和手机切换定位技术为基础，利用手机信令数据进行基于地理位置的时空特征分析，识别轨道交通乘客出行路径，并评估出高峰期特定车次的地铁占有率波动情况，实现了利用手机信令数据获取轨道交通乘客出行特征等交通相关信息。戴冠臣提出基于手机数据识别客流职住点的方法。该方法将手机数据转变为活动点序列，再通过手机用户在活动点出现的天数和逗留时间两个数值确定其职住点。这种方法改进了以往以用户基站话务量来识别职住点的方法，更符合通勤行为的时空间特征。

使用手机定位技术采集交通信息，具有投资小、覆盖范围广、数据量大等特点，通过无线定位技术可以获取平均速度、旅行时间以及由平均车速推断交通事件等信息，但手机的定位精度、定位更新频率和道路匹配问题会影响到它的数据质量精度。

3. RFID 技术

RFID 系统由车载电子标签、阅读器、通信设备、主机等部分组成，阅读器作为探测装置安装在道路沿线，电子标签安装在车辆内，并在标签内写入车辆信息，如车辆牌照、车型等。当车辆通过布置在路侧的阅读器时，阅读器通过无线方式读取标签信息。与环形线圈、视频检测器相比，RFID 作为获取交通信息的手段具有明显的优势：（1）路侧阅读器与车载电子标签通过无线方式进行通信，可以准确获取车辆牌照、车型、速度等信息；（2）具有区分个体车辆的能力，统计出事件车辆的数量及详细信息，提高事件检测和识别的准确率，减少误报警率；（3）阅读器和电子标签采用特高频 UHF（Ultra High Frequency）频段通信，受雨、雪、雾等恶劣天气的影响小，可全天候工作；（4）安装和维护无须关闭车道，对道路使用寿命无影响。

林祥兴和杨晓飞提出了一种基于 RFID 技术实时检测基础上的路段平均车速的运算方法。王志华和史天运分析了 RFID 技术在自动收费、自动车号识别系统等方面的应用。王国伟和杜荣华等针对现有高速公路隧道交通事件检测方法受隧道运营环境影响所导致的实时性、可靠性问题，提出了一种基于 RFID 技术的隧道交通事件检测方法，并基于组件设计的思想进行了应用系统的软硬件设计与实现。杜威等将 RFID 分为四类，并针对每一种错误类型的特点设计合理的识别算法。提出了从基站、时间和错误类型等三个角度对 RFID 数据的错误率进行分析的方法，并选取南京市区主干道上 21 个 RFID 原始数据作为实例，对所提出方法进行了验证。结果表明，21 个站采集的数据平均错误率为 0.0443%，数据错误率与车流量具有明显的正相关性；电子标签写入信息出错是造成错误数据的主要原因。

RFID 技术虽然可以实现对装载有电子标签车辆的跟踪，获取其通过信息、平均速度、交通事件等信息，但车辆装载电子标签的比例一般较低，使其交通监控功能受到很大的限制。

由上可知，目前浮动车技术、手机定位技术、RFID 技术主要用于交通运行状态参数的获取及判别，虽也能通过分析交通参数进行交通事件检测，但检测效果与这些移动设备的配置率紧密相关。在稀疏道路条件下，移动设备的配置率很难得到保障，所以，在目前的经济、社会发展水平下，使用移动型交通检测设备进行稀疏道路的事件检测难度较大。

2.2.2　设备布局的优化建模方法

目前，交通检测器的布局优化基本上只针对高流量道路的情形，其布局优化目的主要包括三个方面：一是 OD 估计，二是行程时间估计，三是交通流量估计。其相关研究情况汇总如表 2-2 所示。

（1）OD 估计

Yang 和 Zhou 提出了用于 OD 矩阵估计的路段检测点布设应满足的四个准则，建立了给定先验 OD 矩阵的交通检测点分布的非线性规划模型，在已知转移概率的前提下，将检测点的分布转化为平均报酬马尔科夫决策过程，并用最大可能相对误差分析 OD 矩阵估计的精度。

Chootinan 和 Chen 等建立了路网覆盖最大、检测点数目最小的多目标布点优化模型，进行 OD 矩阵估计，并运用基于距离的遗传算法进行求解。

Castillo 和 Menéndez 等运用车辆牌照识别数据和流量数据，估计路径流量和 OD 矩阵，分析了车辆牌照识别数据的估计误差，提出了牌照识别设备在检测路段的布设方法。Mínguez 研究了给定先验 OD 分布的牌照识别设备优化布点问题，分别建立了以最小费用覆盖所有路径、运用一定的费用实现最大的路段覆盖、考虑已有牌照识别设备安装位置进行检测路段布设的线性整数规划模型。

（2）行程时间估计

Chan 和 Lam 针对行程时间估计，提出了检测器布局的双层规划模型，其上层是检测精度最高、资金投入最少，下层是随机网络均衡模型，实现在一定投入下的检测器布局优化。

Sheralia 和 Desai 等将电子标签阅读器的优化问题转化为线性混合整数规划问题，建立了目标函数为行程时间信息量获取最大，以投资规模和资源为约束的优化模型，并运用重组线性化技术和分支定界方法进行模型求解。

Viti 和 Verbeke 等考虑了交通拥堵的影响，提出了一种基于行程时间估计的线圈布局模型，该模型的目标函数是使非监控路段的流量误差最小，并运用遗传算法予以求解。

（3）交通流量估计

Hodgson 和 Rosing 根据 P- 中位分配模型的特点，建立了一个混合双目标优化模型研究流量检测点布局问题，其目标函数分别为所服务的路段和节点的流量需求。Li 和 Yin 等提出了面向路网的 GPS 浮动车覆盖率宏观模型，分别构建了单条路段的浮动车覆盖率数学模型和路网浮动车覆盖率数学模型，考虑了预测计算时间间隔、平均交通流密度、平均旅行时间、浮动车误匹配率等多种因素，运用 Vissim 软件进行了仿真，获得了不同情形下的浮动车覆盖率取值。

表 2-2 交通检测器布局优化情形分类

目的	研究人员	方法论	检测的信息	检测器
OD 矩阵估计	Yang and Zhou	整数规划模型、启发式算法	流量、速度	线圈
	Chootinan,et al.	多目标布点优化、启发式算法	流量、速度	线圈
	Castillo,et al. Mínguez,et al.	规则判别法、整数规划	视频车辆	车牌识别设备
行程时间估计	Chan and Lam	双层规划模型	流量、速度	线圈
	Sheralia,et al.	最大化行程时间信息量	流量、速度	RFID 阅读器
	Viti,et al.	最小化非监控路段的流量误差	流量、速度	线圈
交通流量估计	Hodgson	P- 中位混合双目标模型	流量	线圈
	Li,et al.	仿真测试和评价	流量、速度	浮动车

由表 2-2 可知，现有研究主要面向 OD 估计、行程时间估计、交通流量估计，通过数学建模、仿真测试评价等方法进行交通检测器的布局优化，较少考虑面向事件检测的交通检测器布局优化问题。

实际上，交通事件检测既可以通过自动检测方法（如各类事件自动检测算法）进行判别，也可通过非自动检测方法予以确定（如人工巡逻、人工报告等）。当前，国内外主要对自动交通事件检测算法进行了研究，这类算法主要通过构造交通事件检测算法，分析、比较算法的事件检测率、误报率、平均检测时间指标，从而确定各类算法的事件检测性能。经典的交通事件检测算法包括加利福尼亚算法、标准差算法、贝叶斯算法、马克马斯特算法等。近十几年来，交通事件检测的智能检测算法发展迅猛，主要包括神经网络算法、模糊逻辑算法等。

国内对交通事件自动检测技术研究相对较晚，主要侧重于新兴算法的研究。李文江和荆便顺等提出了小波分析的交通事件检测算法。该算法运用小波分析方法分析交通流数据，当检测到交通流参数发生突变信号，则依据逻辑判断确定是否发生了交通事件。姜紫峰和刘小坤将神经网络应用于事件检测，建立了多层前向 BP 人工神经网络的事件检测模型。案例分析表明，该算法具有较高的检测率、误报率低、检测时间短等优点，但是也存在收敛慢等不足。周伟和罗石贵提出了模糊综合分析的事件检测算法，该算法以低速、低流量以及上下游的占有率差值作为判断交通拥挤的标准，将交通流的运行状态分为事件拥挤、常发性拥挤以及非拥挤三个模式。杨兆升和杨庆芳将模糊综合决策模型应用于多目标多传感器的信息融合，解决交通事件检测中的多事件多传感器的交通事件识别问题，在一定程度上解决了多传感器信息损失的问题。姜桂艳和蔡志理等提出了支持向量机的事件自动检测算法，针对不同类型的支持向量机，设计了不同的交通事件检测算法，并用模拟数据比较分析了不同交通事件检测算法的检测效果。覃频频和牙韩高等运用效用函数和概率，建立了分时段的 Logit 交通事件检测算法。

然而，上述交通事件自动检测算法的适用条件均为高流量道路，其事件检测机制为：分析道路宏观交通流参数（一般为流量、密度、占有率或其组合形式）的变化状况，一旦这种变化十分显著，并超过了设定的阈值范围，则认为交通事件发生。这一交通事件的检测机制虽适用于道路交通流量较大、负荷水平相对较高的情形。但是，当道路的交通流量较低、负荷水平较低时（如稀疏道路、深夜运行的城市快速路等），即使道路发生了交通事件，宏观交通流基本不受影响，这一交通事件检测机制失效。因此，在稀疏道路低流量条件下，现有的高流量交通事件检测算法无法适用，需要另辟蹊径解决该问题。

虽然针对交通事件的自动检测算法较多，但是，针对交通事件检测的交通检测器布局研究则较少。

Fambro 和 Ritch 提出了低流量交通事件检测算法，该算法的主要思路为：首先，记录车辆进入监控路段起点的速度和时间，并预测其离开监控路段终点的离开时间；然后，统计、比较某一时间段内交通监控路段起终点的进出车辆数来判别交通事件的发生。该算法仅在监控路段封闭、不存在超车现象时检测效果较好，这与实际情况相差较大，且较难确定发生交通事件的单个车辆。

张汝华和杨晓光运用交通流波动理论和线性交通流模型，建立事件检测点间距与事发前交通状态、事件严重程度、事件检测时间的定量化关系模型，给出满足不同功能需求的检测点间距范围。算例分析表明，在检测时间和交通状态确定的条件下，随着事件严重程度的降低，事件检测所要求的检测点间距变小。该模型的适用条件为高流量道路，其实质仍是通过分析宏观交通流参数的变化是否正常来判断交通事件。

梁倩玉提出了稀疏道路个体车辆跟踪的事件检测算法，建立了基于事件检测的交通检测器组合布局优化模型。该模型运用交通事故黑点判别方法评价路段的重要程度，以事件检测费用最少、检测重要度最大为目标函数，以是否在某一路段布设交通检测器为决策变量，利用基于目标加权法的遗传算法求解最佳检测器布局优化方案。该模型的实质是构造出一个交通检测器布设的“0–1”优化问题，当交通检测器布设在路段上，则决策变量取值为“1”；当交通检测器未布设在路段上，则决策变量取值为“0”；当决策变量取值为“1”时，则交通检测器布设路段的事件全部被检测到；当决策变量取值为“0”时，则交通检测器布设路段的事件全部不能被检测到。这是明显的事件“点式检测”，与实际情况中的路段事件“段式检测”有很大差别。

由上分析可知，现有交通检测器的布局优化研究主要针对高流量道路的 OD 估计、行程时间估计、交通流量估计，而面向低流量道路且进行交通事件检测的交通检测器布局优化方法很少，且现有研究与实际检测需求存在较大差距。本研究将车牌识别（高清卡口）系统、视频摄像机引入稀疏道路当中，进行车辆的跟踪、识别，其中，高清卡口系统主要利用车辆牌照比对方法，用于封闭路段的交通事件检测，视频摄像机主要用于交叉口、互通立交等处的监测。然后，建立基于“段式检测”的高清卡口、视频两阶段检测器布设优化模型，并设计相应的算法予以求解。

2.3 无人飞机的优化部署

2.3.1 无人飞机部署的优化方法

无人飞机技术源于军事领域，因此无人飞机路径规划的研究很多源于自动控制领域。这些研究针对无人飞机在确定、半确定或未知环境下进行航际规划。航际规划是指在特定的约束条件下，寻找运动体（如飞行器、导弹等）从初始点到目标点满足某种性能指标最优的运动轨迹，由于在军事领域需要考虑飞行器的性能、火力威胁、地形因素，航际规划涉及大量不同信息的处理，一般分两个层次进行，即整体参考航际规划和局部航际动态优化。

实际上，大多数文献研究的是路径规划而不是航际优化问题。所谓无人飞机的飞行路径，是由多个线段或多个路径点依次连接而成，此类问题通常描述为，在飞行器的规划空间中，要求确定其中的一个线段和路径点序列作为飞行路线，使代价函数达到最优，其可以分为三种类型：

（1）基于图形的规划方法

当路径规划问题被转化为一个网络搜索问题时，主要方法有 Voronoi 图法和随机路标图法。Voronoi 图法主要用于军事领域，其思路为，根据雷达、导弹阵地的布置情况，依次对相邻的两个阵地作中垂线，得到围绕雷达、导弹阵地的多边形，该多边形的边界是所有潜在的飞行航迹，然后给不同的边界赋予不同的权重，再使用相关的算法搜索最优航迹。随机路标图法在规划空间中随机采样生成路标图，然后在路标图中搜索路径。

（2）基于栅格的规划方法

先将 C 空间（Configuration Space）分解成为一些简单的单元，然后找到包含起点和目标点的单元，最后寻找一系列连通的单元将起始单元和目标单元连接起来，主要有动态规划法、A^* 算法。动态规划法是将一个多步最优决策问题转化成多个一步最优决策问题。A^* 算法是一种经典的启发搜索算法，通常将规划空间表示为网格形式，通过预先确定的代价函数寻找最小代价路径。

闵昌万和袁建平综合考虑飞行任务、导航精度、飞行器性能、地形性能、敌方威胁位置、防空火力配置等因素，利用数字地图，用动态规划方法确定了飞行器的安全走廊和参考航线。Rouse 将无人飞机的飞行区域划分成若干正方形栅格，然后以栅格的中心点为路径点，使用 A^* 算法进行最优路径规划。李春华等在稀疏 A^* 搜索算法的基础上，提出了一种自动三维航迹规划的方法。该方法利用地形的高程信息，可有效回避地形和威胁，此外，该方法将约束条件结合到搜索算法中，有效地减小了搜索空间，缩短了搜索时间。

（3）基于类比的路径规划

借助于物理或生物学上的概念，将航迹规划问题转化后进行求解，包括人工势场法、神经网络法、遗传算法、模拟退火算法和蚁群算法等。人工势场法是利用物理中的磁场吸引、排斥法则，将无人飞机的侦察目标作为吸引场，将无人飞机的威胁和障碍作为排斥场，无人飞机在吸引场、排斥场综合生成的势场中飞行。Glmore 和 Czuchry 运用 Hopfield 神经网络进行了飞行器路径规划；Kastella、Parunak 和 Purcell 分别使用模拟退火方法、蚁群算法进行了路径规划。

上述三种无人飞机路径规划方法主要针对军事应用领域，要考虑侦察目标、威胁障碍、地形等对无人飞机路径规划的影响，这与无人飞机非军事领域的路径规划有显著差异。

非军事领域的无人飞机路径规划研究一般不考虑威胁障碍、地形因素对路径规划的影响，而是将路径规划问题转化为类似的旅行商问题（Travel Salesman Problem，TSP）、车辆路由问题（Vehicle Route Problem，VRP）、车辆调度问题（Vehicle Scheduling Problem，VSP）。TSP 问题是在寻求无人飞机从基地出发，通过所有给定的侦察目标后，最后回到基地，该路径的成本最低。VRP 问题是指多架无人飞机为多个分散的目标进行侦察，其目标是节约无人飞机的飞行时间、降低无人飞机的巡航成本。VSP 问题可表示为在等式或不等式约束下，对目标函数的优化，约束包括无人飞机的出发、返回，无人飞机的最大飞行距离、数量等，目标函数包括无人飞机的飞行成本、侦察目标的数量等。在此过程中，当各个侦察目标存在时间窗约束时，则无人飞机在侦察目标时存在时间上的先后顺序，这就涉及无人飞机的调度。

Ryan 和 Bailey 等将无人飞机路径规划问题转化为有时间窗的多旅行商问题，以目标覆盖最大化为优化目标，并运用禁忌搜索算法予以求解。Hutchison 将无人飞机侦察区域划分成为相同的子区域，并在每个子区域中部署一架无人飞机，然后将每个子区域内的无人飞机路径规划问题转化为旅行商问题，并运用模拟退火算法寻找每个子区域内的无人飞机最短路径。Tian 和 Shen 等运用多架无人飞机对有时间窗限制的侦察目标进行侦察，以侦察成本最低为目标，运用遗传算法求解无人飞机路径。Yan 和 Peng 等以我国新疆稀疏道路中未安装交通检测设备的路段为侦察目标，使用无人飞机对这些路段进行侦察，以巡航距离最短为目标，将该问题转化成为旅行商问题，并运用遗传算法求解无人飞机巡航路径的近似最优解。非军事领域的无人飞机路径规划研究的汇总情况如表 2–3 所示。

表 2–3　非军事领域无人飞机路径规划文献总结表

作者	优化目标	求解算法	问题抽象
Ryan et al.	目标覆盖最大	禁忌搜索算法	有时间窗的旅行商问题
Hutchison	飞行距离最小	模拟退火算法	旅行商问题
Tian et al.	侦察成本最低	遗传算法	有时间窗的车辆路由问题
Yan et al.	巡航距离最小	遗传算法	旅行商问题

由表 2–3 可知，上述文献以无人飞机的飞行路径最短（成本最低）或目标覆盖最多为目标函数，将无人飞机路径规划问题转化为旅行商问题或车辆路由问题，规划无人飞机（类似于车辆）访问侦察目标（类似于客户）的路线，并运用不同的启发式算法求解无人飞机的飞行路线，但它们仅针对单一优化目标进行飞行路线的规划，未考虑多种优化目标对路径规划结果的影响。

实际上，上表中的 TSP、VRP、VSP 问题都可以归结为配送车辆优化调度问题，该问题由 Dantzig 和 Ramser 在 1959 年提出，引起了运筹学、应用数学、组合数学、图论与网络分析、物流科学、计算优化等领域研究人员的极大重视，并且一直是运筹学与组合优化领域的热点、前沿问题。国外的 Bodin，Golden 和 Assad，Desrochers 和 Desrosiers 对配送车辆优化调度问题进行了深入研究；国内的郭耀煌、李军、谢秉磊、郎茂祥对配送车辆优化调度问题也进行了较为深入的研究。

上述国内外研究基本上将配送车辆优化调度问题作为单目标优化问题来处理，即使少数文献建立了多目标车辆优化调度模型，在求解模型的时候往往给不同的目标函数赋予不同的权重，然后进行线性加权，转化为单目标优化问题。近年来，少数研究人员，针对多目标优化调度问题，提出了分阶段求解不同优化目标函数的算法。

Ombuki 和 Nakamura 等建立了带有时间窗的车辆路由问题，目标函数分别为车辆数量最少、车辆行驶距离最短，提出了两阶段混合求解算法，其中第一阶段运用遗传算法求解第一个目标，第二阶段用禁忌搜索算法求解第二个目标，研究结果表明混合搜索算法在求解有时间窗车辆路由问题时比单一的遗传算法或禁忌搜索算法更合适。Gehring 和 Homberger 同样针对带有时间窗的车辆路由问题，建立了车辆数量最少、车辆行驶距离最短的多目标优化模型，利用了三种并行启发式搜索策略，第一阶段求解第一个目标，第二阶段求解第二个目标，研究结果表明该文提出的并行搜索策略是有效的。上述文献建立了车辆路由问题的多目标优化模型，采用两阶段混合算法求解，即先优化一个目标，再优化另一个目标。该方法虽然考虑了多种优化目标对车辆路径规划的影响，但求解算法的实质仍是将多目标问题转化为单目标问题。

总的来看，现有研究较少系统地考虑无人飞机的数量、侦察目标的时间窗要求、路段、多重优化目标等共同作用对无人飞机路径规划的影响。

2.3.2　监控小区划分方法

稀疏道路所在区域地域广袤，无人飞机的侦察目标较多，且分布相对分散，而民用无人飞机的最大飞行距离有限，不可能仅用一架无人飞机完成对所有侦察目标的监控，因此，需要进行无人飞机监控小区的划分，并在每一监控小区部署一架无人飞机，完成交通监控任务。

稀疏道路条件下的无人飞机监控小区划分方法包括无人飞机监控对象的选择、无人飞机的路径规划、监控小区的划分以及评价等内容。该方法的流程如图 2-5 所示。

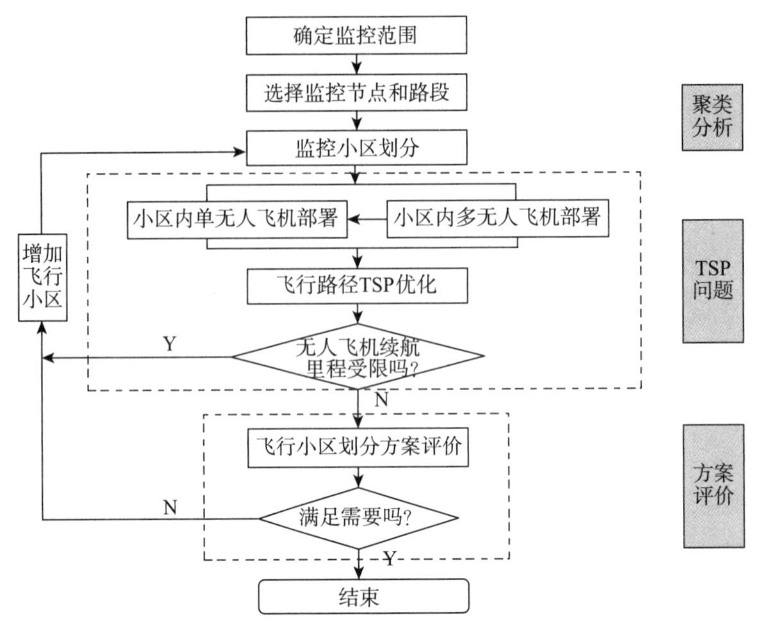

图 2-5 稀疏道路条件下的无人飞机监控小区划分

（1）监控对象选择

根据稀疏道路的交通安全水平评价，将道路安全性水平不高的路段、交通节点（如立交桥区、服务区、收费站等）作为无人飞机的交通监控对象。

（2）监控小区划分

根据无人飞机监控对象的空间分布，对监控对象进行聚类，不断增加监控小区的数量，满足每一监控小区有一架无人飞机，且能满足无人飞机的最大飞行距离约束。

（3）无人飞机路径规划

无人飞机在监控小区内，从基地出发，巡视所有监控对象一遍，再返回基地，要求无人飞机的巡航路径最短，这可抽象为经典的旅行商 TSP 问题，并运用启发式算法（如模拟退火算法、遗传算法等）予以求解。

（4）小区划分方案评价

划分为不同的无人飞机监控小区，则对应着不同数量的不同的无人飞机巡航成本和交通监控及时性，因此，可从这两个方面评价监控方案。

2.3.3 监控小区划分的评价指标

将无人飞机监控区域划分成为不同的侦察子区域，并在每个子区域部署一架无人飞机，则不同的子区域划分对应着不同的无人飞机侦察成本和监控及时性，因此，本研究提出两个指标评价无人飞机的监控小区划分效果。

（1）总巡航距离（Total Cruise Distance）

$$TCD = \sum_{i=1}^{n} d_i \tag{2-1}$$

（2）监控时间标准差（Standard Deviation of Surveillance Time）

$$SDST = \sqrt{\frac{\sum_{i=1}^{n}(t_i - \frac{1}{n}\sum_{i=1}^{n} t_i)^2}{n}} \tag{2-2}$$

其中，n——划分的子区域数量；

d_i——无人飞机在第 i 个子区域的巡航距离；

t_i——无人飞机在第 i 个子区域的巡航时间。

指标（1）表示所有的无人飞机巡航距离之和，指标（2）表示所有无人飞机巡航时间的标准差，这两个指标用于衡量部署无人飞机的成本和监控协同性。一方面，当无人飞机的数量变多，则平均监控时间变短，交通监控响应速度就变快，同时无人飞机的购置成本也在增加；另一方面，部署多架无人飞机后，总巡航距离和监控时间的协调性会发生动态的变化，此时需要根据交通监控的需求做出权衡。

实际上，除了本节中论述的一个监控小区部署一架无人飞机这种情况之外，也可以在一个监控小区布设一个无人飞机基地，基地部署多架次无人飞机，无人飞机执行侦察任务，扩大无人飞机的监控范围。

参考文献

［1］张杰勇，姚佩阳，王欣，等 . 基于时间约束的多平台协同目标分配方法［J］. 系统工程与电子技术，2011,33（6）：1287-1292.

［2］马向玲，雷宇曜，孙永芹，等 . 有人 / 无人机协同空地作战关键技术综述［J］. 电光与控制，2011,18（3）：56-60.

［3］CHAIMOWICZ L, GROCHOLSKY B, KELLER J F, et al. Experiments in Multirobot Air-Ground Coordination［C］//IEEE International Conference on Robotics and Automation, 2004: 4053-4058.

［4］闫庆雨 . 基于地空信息采集技术的稀疏路网交通事件检测策略研究［D］. 上海：同济大学，2011.

［5］彭仲仁，刘晓锋，张立业，等 . 无人飞机在交通信息采集中的研究进展和展望［J］. 交通运输工程学报，2012,12（6）：119-126.

［6］史忠科，曹力 . 交通图像检测与分析［M］. 北京：科学出版社，2007.

［7］梁倩玉．稀疏路网交通事件检测与设备布局优化研究［D］．上海：同济大学，2011.

［8］HSIEH J W, YU S H, CHEN Y S. Morphology-Based License Plate Detection from Complex Scenes［C］.The 16th International Conference on Pattern Recognition, 2002: 176-179.

［9］YU M, KIM Y D. An Approach to Korean License Plate Recognition Based on Vertical Edge Matching［C］. IEEE International Conference of SMC, 2000（4）: 2975-2980.

［10］KIM S, KIM D, RYU Y,et al. A Robust License Plate Extraction Method under Complex Image Conditions［C］. The 16th International Conference on Pattern Recognition, 2002: 176-179.

［11］PARKER J R, FEDERL P. An Approach to License Plate Recognition［R］. Computer Science Technical Report,1996.

［12］LEE E R, KIM P K, KIM H J. Automatic Recognition of a Car License Plate Using Color Image Processing［C］. Proceeding of International Conference on Image Processing, 1994: 301-305.

［13］ROVETTA S, ZUNINO R. License Plate Localization by Using Vector Quantization［C］. International Conference on Acoustics, Speech and Signal Processing, 1999: 1113-1122.

［14］白洪亮，娄正良，邹明福，等．复杂背景下基于形态学的车牌识别系统［J］．公路交通科技，2004，21（10）：117-120.

［15］黄腾．车牌识别关键技术的研究［D］．上海：上海交通大学，2010.

［16］张玉娇，史忠科．车牌提取方法研究［J］．西北工业大学学报，2003，21（1）：34-37.

［17］姜桂艳，张玮，常安德．基于 GPS 浮动车的交通信息采集系统的数据组织方法［J］. 吉林大学学报（工学版），2010，40（2）：397-401.

［18］姜桂艳，常安德，张玮．基于 GPS 浮动车采集交通信息的路段划分方法［J］．武汉大学学报（信息科学版），2010，35（1）：42-45.

［19］刘宇环．浮动车系统地图匹配算法及信息采集周期优化的研究［D］. 北京：北京交通大学，2012.

［20］孙威巍，何兆成，陈锐祥，等．基于多类型浮动车数据的高速公路路段速度修正模型［J］．中山大学学报（自然科学版），2018，57（6）：88-96.

［21］赵慧，于雷，郭继孚，等．基于浮动车和 RTMS 数据的动态 OD 估计模型［J］. 交通运输系统工程与信息，2010，10（1）：72-80.

［22］聂庆慧．基于交通传播特性分析的城市路网动态 OD 在线估计［D］．南京：东南大学，2017.

［23］翁剑成，刘文韬，陈智宏，等．基于浮动车数据的出租车运营管理研究［J］．北京工业大学学报，2010，36（6）：779-784.

［24］关金平，朱竑．基于 FCD 的出租车空驶时空特性及成因研究——以深圳国贸 CBD 为例［J］．中山大学学报（自然科学版），2010，49（S1）：29-36.

［25］宋成举，张亚平，吴彪．出租车管理三方博弈与管理策略仿真［J］．武汉理工大学学报（交通科学与工程版），2017，41（5）：735-740.

［26］陈会娟．基于浮动车数据的路网可靠性评价［D］．长沙：中南大学，2010.

［27］LI Q, ZHANG T, WANG H, et al.Dynamic Accessibility Mapping Using Floating Car Data: A Network-Constrained Density Estimation Approach［J］. Journal of Transport Geography, 2011, 19（3）：379-393.

［28］孙耿杰．基于出行目的的城市交通可达性研究［D］. 北京：北京交通大学，2016.

［29］辛飞飞，陈小鸿，林航飞．基于样本容量的浮动车数据路网覆盖能力研究［J］. 公路交通科技，2009，26（8）：140-144.

［30］王许涛．基于交通信息路网覆盖率的浮动车系统配置优化研究［D］．北京：北京交通大学，2012.

［31］唐克双，梅雨，李克平．基于浮动车数据的交通状态估计精度仿真评价［J］．同济大学学报（自然科学版），2014，42（9）：1347-1351，1407.

［32］张杰超．基于浮动车 OD 数据的重大枢纽交通运行规律分析及区域运行状况评价研究［D］．北京：北京交通大学，2018.

［33］邹亮，徐建闽，朱玲湘，等．基于浮动车移动检测与感应线圈融合技术的行程时间估计模型［J］．公路交通科技，2007，24（6）：114-117.

［34］朱鲤，杨东援．基于低采样频率浮动车的行程车速信息实时采集技术［J］．交通运输系统工程与信息，2008，8（4）：42-48.

［35］李昊，罗霞，姚琛．浮动车数据在车辆路径问题中的应用［J］．西南交通大学学 报，2007，42（6）：748-752.

［36］张鉴豪．面向城市的交通状态判别方法研究［D］．长春：吉林大学，2017.

［37］张东波．基于云计算的交通状态感知与诱导技术研究［D］．广州：华南理工大学，2018.

［38］涂钊．基于浮动车数据的轻型机动车道路油耗算法研究［D］．北京：北京交通

大学，2009.

［39］靳秋思，张远景，宋国华，等．基于交通运行指数的速度分布聚类与排放测算［J］．交通信息与安全，2016，34（6）：15-21.

［40］王静旖．基于交通运行指数的 VKT 分布与排放量测算研究［D］．北京：北京交通大学，2018.

［41］储浩，杨晓光，吴志周．交通移动采集技术及其适用性分析［J］．ITS 通讯，2005，10（5）：57-60.

［42］王力军．手机定位技术在交通流预测中的应用与研究［D］．重庆：重庆交通大学，2010.

［43］孙棣华，马丽，陈伟霞．基于手机定位及聚类分析的实时交通参数估计［J］．交通运输系统工程与信息，2005，5（3）：18-23.

［44］孙棣华，陈伟霞．基于手机定位的高速公路事件检测方法研究［J］．公路交通科技，2006，23（2）：133-136.

［45］杨飞，惠英，杨东援．基于手机切换定位的交通路网标定方法［J］．同济大学学报（自然科学版），2009，37（1）：67-72.

［46］袁月明．基于手机切换定位技术的交通信息提取方法研究［D］．北京：北京交通大学，2012.

［47］裘炜毅．基于手机数据的城市交通信息采集技术研究［C］// 第七届中国智能交通年会论文集．北京，2012：104-113.

［48］杨彬彬．基于手机信令数据的城市轨道交通客流特征研究［D］．南京：东南大学，2015.

［49］戴冠臣．基于手机数据的城市通勤客流出行特征分析方法研究［D］．南京：东南大学，2018.

［50］黄丘林，魏峰，史小卫．基于 RFID 的交通事件自动检测技术初探［C］//2007 第三届中国智能交通年会论文集．上海，2007：473-477.

［51］林祥兴，杨晓飞．基于射频识别的路段平均车速算法［J］．公路工程，2010，35（6）：96-98.

［52］王志华，史天运．射频识别技术（RFID）在交通领域的应用现状［J］．交通运输系统工程与信息，2005，5（6）：96-99.

［53］王国伟，杜荣华，胡乐秋，等．基于 RFID 通行卡的隧道交通事件检测系统设计与实现［J］．交通信息与安全，2011，29（5）：112-115.

［54］杜威，杨越思，宁丹，等．RFID 交通错误数据检测及分析［J］．交通信息与

安全，2016,34（2）：81-87.

［55］YANG H, ZHOU J. Optimal Traffic Counting Locations for Origin-Destination Matrix Estimation［J］. Transportation Research Part B: Methodological, 1998, 32（2）：109–126.

［56］CHOOTINAN P, CHEN A,YANG H. A Bi-Objective Traffic Counting Location Problem for Origin-Destination Trip Table Estimation［J］.Transportmetrica, 2005,1（1）：65-80.

［57］CASTILLO E, MENÉNDEZ J M, JIMÉNEZ P. Trip Matrix and Path Flow Reconstruction and Estimation Based on Plate Scanning and Link Observations［J］. Transportation Research Part B, Methodological, 2008, 42（5）：455-481.

［58］MÍNGUEZ R. Optimal Traffic Plate Scanning Location for Od Trip Matrix and Route Estimation in Road Networks［J］. Transportation Research Part B: Methodological, 2010, 44（2）：282-298.

［59］CHAN S, LAM H K. Optimal Speed Detector Density for the Network with Travel Time Information［J］. Transportation Research Part A: Policy and Practice, 2002, 36（3）：203-223.

［60］SHERALIA H D, DESAI J，RAKHA H. A Discrete Optimization Approach for Locating Automatic Vehicle Identification Readers for the Provision of Roadway Travel Times［J］.Transportation Research Part B: Methodological, 2006, 40: 857-871.

［61］VITI F, VERBEKE W, TAMPÈRE C M J. Sensor Locations for Reliable Travel Time Prediction and Dynamic Management of Traffic Networks［J］. Transportation Research Record: Journal of the Transportation Research Board, 2008, 2049（1）：103-110.

［62］HODGSON M J, ROSING K E. A Network Location-Allocation Model Trading off Flow Capturing and P-Median Objectives［J］. Annals of Operations Research, 1992, 40（8）：247-260.

［63］李清泉，尹建忠，贺奋琴 . 面向道路网的 GPS 浮动车覆盖率模型研究［J］. 武汉大学学报（信息科学版），2009，34（6）：715-718.

［64］PAYNE H J. Development and Testing of Incident Detection Algorithms［R］. Volume 1:Summary of Results. Report No. FHWA-RD-76-19, FHWA, Washington D.C.,1976.

［65］BALKE K N. An Evaluation of Existing Incident Detection Algorithms［R］. Report No. FHWA/TX-93/1232-20, Texas Transportation Institute, the Texas A&M University System, 1993.

［66］DUDEK C L, MESSER C J, NUCKLES N B.Incident Detection on Urban

Freeway [J] . Transportation Research Record: Journal of the Transportation Research Board,1974,495:12-24.

[67] LEVIN M, KRAUSE G M. Incident Detection: A Bayesian Approach [J]. Transportation Research Record: Journal of the Transportation Research Board, 1978, 682: 52-58.

[68] WILLSKY A S, CHOW E Y, GERSHWIN S B, et al.Dynamic Model-Based Techniques for the Detection of Incidents on Freeways [J]. IEEE Transactions on Automatic Control, 1980, 25（3）: 347-360.

[69] CHEU R L, RITCHIE S G. Automated Detection of Lane-Blocking Freeway Incidents Using Artificial Neural Networks [J]. Transportation Research Part C, 1995, 3（6）: 371-388.

[70] CHANG E C, WANG S H. Improved Freeway Incident Detection Using Fuzzy Set Theory [J] . Transportation Research Record: Journal of the Transportation Research Board, 1994, 1453: 75-82.

[71] 李文江，荆便顺，杨光，等 . 基于小波分析的事件检测算法 [J] . 西安公路交通大学学报，1997，17（s1）: 134-138.

[72] 姜紫峰，刘小坤 . 基于神经网络的交通事件检测算法 [J] . 西安公路交通大学学报，2000，20（3）: 67-73.

[73] 周伟，罗石贵 . 基于模糊综合识别的事件检测算法 [J] . 西安公路交通大学学报，2001，21（2）: 70-73.

[74] 杨兆升，杨庆芳，冯金巧 . 基于模糊综合推理的道路交通事件识别算法 [J] . 公路交通科技，2003，20（4）: 92-94.

[75] 姜桂艳，蔡志理，江龙晖，等 . 基于支持向量机的高速公路交通事件自动检测算法研究 [C] . 第六届全球智能控制与自动化大会，2006，12（10）: 8769-8773.

[76] 覃频频，牙韩高，黄大明 . 基于 Logit 模型的城市道路交通事件检测仿真 [J] . 公路交通科技，2006，23（12）: 137-141.

[77] FAMBRO D B, RITCH G P. Evaluation of an Algorithm for Detecting Urban Freeway Incidents During Low-Volume Conditions [J] . Transportation Research Record: Journal of the Transportation Research Board, 1980, 773: 31-39.

[78] 张汝华，杨晓光 . 事件检测中交通流检测点布设方法 [J] . 土木工程学报，2008，41（10）: 100-105.

[79] 杜萍，杨春 . 飞行器航迹规划算法综述 [J]. 飞行力学，2005，23（2）: 10-14.

[80] AURENHAMMER F.Voronoi Diagrams-A Survey of Fundamental Geometric Data

Structure［J］. ACM Computing Survey, 1991, 23（3）: 345-405.

［81］OVERMARS M.A Random Approach to Path Planning［R］.Utrecht University: RUU-CS-92-32,1992.

［82］闵昌万，袁建平 . 航迹规划中安全走廊及参考轨迹的确定［J］. 飞行力学，1999，17（2）: 13-18.

［83］ROUSE D M.Route Planning Using Pattern Classification and Search Techniques［R］. NAECON,1989.

［84］李春华，郑昌文，周成平，等 . 一种三维航迹快速搜索方法［J］. 宇航学报，2002，23（3）: 13-17.

［85］BORTOFF S A.Path Planning for Uavs［C］.Proceedings of the American Control Conference, 2000: 141-158.

［86］GLMORE J F,CZUCHRY A J.A Neural Network Model for Route Planning Constraint Integration［C］.Proceedings of the IEEE Neural Networks International Joint Conference, 1992: 221-226.

［87］KASTELLA K.Aircraft Route Optimization Using Adaptive Simulated Annealing［C］. Aerospace and Electronics Conference,1991:1123-1129.

［88］PARUNAK V D, PURCELL M,CONNELL R O.Digital Pheromones for Autonomous Coordination of Swarming UAVs［C］. AIAA, 2002: 1-9.

［89］RYAN J L, BAILEY T G, MOORE J T, et al. Reactive Tabu Search in Unmanned Aerial Reconnaissance Simulations［C］. Proceedings of the 1998 Winter Simulation Conference, 1998: 873-879.

［90］HUTCHISON M G. A Method for Estimating Range Requirements of Tactical Reconnaissance UAVs［C］. Proceedings of AIAA’s 1st Technical Conference and Workshop on Unmanned Aerospace Vehicles, 2002: 1-12.

［91］TIAN J, SHEN L, ZHENG Y. Genetic Algorithm Based Approach for Multi-Uav Cooperative Reconnaissance Mission Planning Problem［M］. Lecture Notes in Computer Science. Berlin, Heidelberg: Springer Berlin Heidelberg, 2006: 101-110.

［92］YAN Q, PENG Z, CHANG Y. Unmanned Aerial Vehicle Cruise Route Optimization Model for Sparse Road Network［C］. The 90th Annual Meeting of the Transportation Research Board, 2011: 1121-1135.

［93］RAFF S, GOLDEN B L, ASSAD A A, et al. Special Issue on the Routing and Scheduling of Vehicles and Crews［J］.Computers and Operations Research, 1983, 10（2）:

63-211.

［94］GOLDEN B L, ASSAD A A. Vehicle Routing:Methods and Studies［M］. New York: Elsevier Science Publishers, 1988.

［95］DESROCHERS M, DESROSIERS J, SOLOMON M.A New Optimization Algorithm for the Vehicle Routing Problem with Time Windows［J］.Operations Research, 1992, 40（2）: 342-354.

［96］郭耀煌，李军．车辆优化调度［M］．成都：电子科技大学出版社，1994.

［97］李军．有时间窗的车辆路线安排问题的启发式算法［J］．系统工程，1996，14（5）：45-50.

［98］李军．车辆调度问题的分派启发式算法［J］．系统工程理论与实践，1999，1：27-33.

［99］谢秉磊，李军，郭耀煌．有时间窗的非满载车辆调度问题的遗传算法［J］．系统工程学报，2000，15（3）：290-294.

［100］郎茂祥．配送车辆优化调度模型与算法［M］. 北京：电子工业出版社，2009.

［101］OMBUKI B, NAKAMURA M, MAEDA O. A Hybrid Search Based on Genetic Algorithms and Tabu Search for Vehicle Routing［C］. The 6th IASTED International Conference on Artificial Intelligence and Soft Computing, 2002, 7: 176-181.

［102］GEHRING H, HOMBERGER J. Parallelization of a Two-Phase Metaheuristic for Routing Problems with Time Windows［J］. Journal of Heuristics, 2008, 8: 251-276.

第3章　优化求解算法与模拟仿真技术

3.1　智能优化算法

3.1.1　遗传算法

遗传算法（Genetic Algorithm，GA）是一类借鉴生物界的进化规律（适者生存，优胜劣汰遗传机制）演化而来的随机化搜索方法，它由美国 J.Holland 教授于 1975 年首先提出。遗传算法主要包含五个基本要素，分别是编码、适应度函数、选择机制、交叉和变异。

（1）编码

编码方式和策略的选择取决于具体需要解决的问题。常见的编码方式有二进制编码、实数编码、字符编码等。其中，二进制编码将个体（染色体）的每个基因用 0 或 1 表示，个体（染色体）由一串二进制字符来表示。实数编码将个体（染色体）的每个基因用实数表示，常用于表达一组实数型自变量。字符编码将个体（染色体）的每个基因用字符（如用阿拉伯数字表示不同目标 / 对象的编号）表示，优化问题的解往往是某种排列顺序（不同的字符组合，代表不同的优化解）。

（2）适应度函数

适应度函数主要用于计算种群中个体对周围环境的适应能力。计算出种群中每个个体的适应度值大小，可以判断个体的优劣程度，使得适应度值较高的个体能有更多的机会保留到进化的下一代。适应度函数的设定需要结合实际问题予以区分。对于单目标优化问题，可计算目标函数值作为每个个体的适应度值；对于多目标优化问题，可计算每个个体的多个目标函数值，然后依据 Pareto 最优原则，选取 Pareto 前沿个体，作为精英个体保留到进化的下一代。

（3）选择机制

选择操作具有保持种群多样性、加快算法收敛、保证个体优胜劣汰等功能。常用的选择机制主要有比例选择、排序选择、锦标赛选择、精英选择等。轮盘赌是常采用的选择方式，该策略的特点为，种群中所有个体都可能被选择，个体适应度函数值越高，则被选择的概率越大。

（4）交叉

交叉操作可在一定程度上增加种群的多样性，提高算法的搜索能力，其工作过程为：从交配池中选择配对的一组个体，以某一交叉概率，交换不同个体（染色体）设定位置的部分基因，产生新个体（染色体）。新个体具有组合交叉对象的优良特性，同时具有自己的新特征。交叉概率过大时，优良的个体（染色体）基因可能会被破坏，影响算法的寻优能力；交叉概率过小时，新的优良信息无法更新到个体（染色体）当中，这会延长算法的搜索时间，降低算法搜索效果。常用的交叉算子有单点交叉、多点交叉、均匀交叉等。

（5）变异

变异操作也在一定程度上维持了进化种群的多样性，用于模拟自然界基因突变的现象。以一定的变异概率，对个体（染色体）某些基因值进行改变，从而产生新的个体。如果变异概率过小，则较难产生新个体（染色体），种群多样性也难以维持，这会降低算法的寻优性能；如果变异概率过大，则优良个体（染色体）的基因容易被破坏，从而使得寻优过程变成随机搜索，不利于获得优化解。

遗传算法的基本流程，如下所示：

步骤 1： 初始化种群，种群由一定规模的个体（染色体）构成，设定最大迭代次数、交叉率、变异率。

步骤 2： 根据研究的问题，设计适应度函数，计算每次迭代过程中所有个体（染色体）的适应度值。

步骤 3： 按照选择机制，对种群进行选择操作，淘汰种群中适应度值较差的个体，将适应度值较高的个体保留到下一代种群。

步骤 4： 按照交叉算子，从交配池中选取配对个体（染色体），按交叉概率进行交叉操作。

步骤 5： 按照变异算子，按变异概率，对选定的个体进行变异操作。

步骤 6： 判断是否达到最大迭代次数，如果达到，则终止算法；否则，返回步骤 2，开展下一轮的选择、交叉、变异操作。

如果连续若干次迭代后，种群中的全局最优解都没有改进，可以将该最优解视为全局最优解，停止算法。

3.1.2 粒子群算法

粒子群算法，也称粒子群优化算法或鸟群觅食算法（Particle Swarm Optimization，PSO）。PSO 算法由 Kennedy 和 Eberhart 等开发，它从随机解出发，通过迭代寻找最优解，通过适应度来评价解的品质。该算法没有“交叉”、“变异”操作，通过追随当前搜索到的最优值来寻找全局最优解。粒子群算法作为一种并行算法，具有容易实现、精度高、收敛快等优点。

在 PSO 算法中，每一个粒子都被抽象为空间中的一个解，在寻求最优解的过程当中，粒子始终学习同伴粒子的飞行经验、借鉴自己的飞行经验，以寻找最优解。在寻优的过程中，粒子始终向个体历史最优值（*pbest*）和种群历史最优值（*gbest*）两个值学习，其中，前者是粒子在飞行过程当中经历过的个体最优位置，后者是整个种群的最优位置。在 PSO 算法中，粒子的群体规模为 N，若将每一个粒子都看成为解空间的一个点，则 x_i 表示第 i 个粒子的位置，v_i 表示粒子的飞行速度。粒子位置与速度更新公式如下：

$$v_{ij}(t+1)=w\times v_{ij}(t)+c_1\cdot r_1\times\left(pbest_{ij}(t)-x_{ij}(t)\right)+c_2\cdot r_2\times\left(gbest_j(t)-x_{ij}(t)\right) \quad (3\text{-}1)$$

$$x_{ij}(t+1)=x_{ij}(t)+v_{ij}(t+1) \quad (3\text{-}2)$$

其中，c_1 和 c_2 称为学习因子，c_1 负责调节粒子向 *pbest* 学习的步长，c_2 负责调节粒子向 *gbest* 学习的步长，二者都为非负常数，一般设置 c_1=c_2=2。w 为惯性权重，取值在 0–1 之间。r_1、r_2 为［0，1］之间的随机数，一般设定粒子位置、速度变化范围的最大值、最小值，以防止迭代过程中，粒子跳出搜索范围。

基本的 PSO 算法步骤如下：

步骤 1：初始化粒子群，设定群体规模，初始化粒子的速度和位置。

步骤 2：设置适应度函数，通过适应度函数计算每个粒子的适应度。保存每个粒子所经历过的最优位置、适应度，以及种群的最优位置、适应度。

步骤 3：比较每个粒子的适应度和历史最优点的适应度，若前者优异，则把该粒子的当前位置和适应度，作为历史最优位置和适应度。

步骤 4：根据公式（3–1）和（3–2），调整粒子当前的位置和速度。

步骤 5：比较每个粒子的历史最优适应度与种群最优适应度，若前者更好，则更新种群的历史最优位置、适应度，以此寻找全局最优。

步骤 6：若满足终止条件则终止，否则返回步骤 2。

PSO 算法存在收敛速度过快导致搜索精度不高，以及过早陷入停滞状态的缺点。研究者陆续对该算法进行了改进，包括惯性权重的改进、学习因子的改进、新的学习策略等。此外，通过与其他智能优化思想相结合，出现了不少改进型的新算法，如免疫粒子群算法、模拟退火粒子群算法等。PSO 算法已经在众多的工程领域得到了广泛的应用，如消防站选址优化、列车开行方案优化、微电网调度优化等。

3.1.3 人工免疫算法

生物免疫系统是一个高度进化的生物系统，它可以区分外部有害抗原和自身组织，进而保持有机体的稳定。从计算的角度看，生物免疫系统是一个高度并行、分布、自适应和自组织的系统，具有很强的学习、识别和记忆能力，具有产生多样抗体、自我调节机构、免疫记忆等特征。1958 年，Burnet 率先提出了克隆选择原理。1973 年，Jerne 提出免疫系统的模型，给出了免疫系统的数学框架。1986 年，Farmal 等人构造出免疫系统动态模型。

受生物免疫系统启发，免疫算法（Immune algorithm）作为一种新兴的智能计算方法得到了较快发展。免疫算法与免疫系统的比较情况如表 3-1 所示。

表 3-1　免疫算法和免疫系统的比较

免疫系统	免疫算法
抗原	要解决的优化问题
抗体	优化解 / 最优解
抗原的识别	优化问题的识别
亲和度	可行解的质量
细胞活化	免疫选择
细胞分化	个体的克隆
亲和度的成熟	个体的变异
动态维持平衡	种群的更新

免疫算法和遗传算法均采用群体搜索策略，强调群体中个体间的信息交换，两者之间存在相似的循环过程：初始种群产生→评价标准计算→种群间个体信息交换→新种群产生，以较大的概率获得最优解。免疫算法和遗传算法在个体的评价、选择及产生上有所不同。免疫算法通过计算亲和度（affinity）来评价个体，个体的选择以亲和度为基础。个体的亲和度包括抗体和抗原之间的亲和度（匹配程度），以及抗体和抗体之间的亲和度（相似程度），它反映了真实的免疫系统的多样性。在免疫算法中，交叉、变异等操作也被广泛应用。另外，免疫算法还可以借助克隆选择、免疫记忆、疫苗接种等方式产生新的抗体，算法还可促进或抑制抗体的产生，保证个体的多样性。免疫算法的流程如图 3-1 所示。

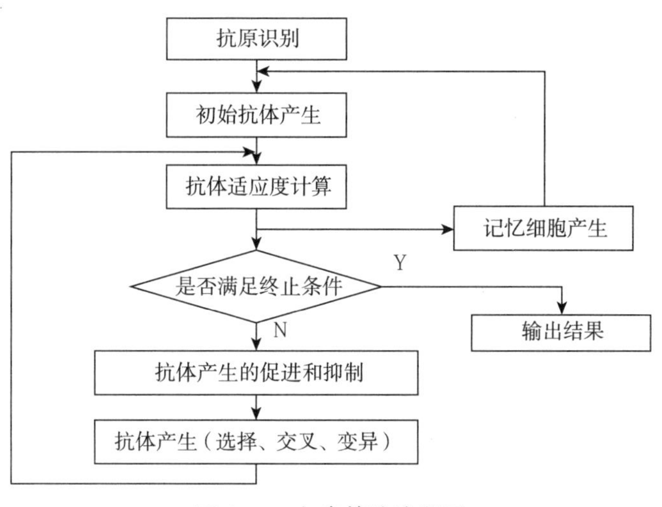

图 3–1　免疫算法流程图

3.2　多目标优化算法

3.2.1　多目标优化的基本原理

1. 多目标优化的基本原理

定义 1 （Multi-objective Optimization Problem, MOP）

一个 MOP 由 n 个决策变量，m 个约束条件和 k 个目标函数组成，这些目标函数可以是线性的，也可以是非线性的。在可行域中确定由决策变量组成的向量，使得一组相互冲突的目标函数值尽量同时达到极小，其数学表达式为：

$$\begin{cases}\min \boldsymbol{F}(x)=\left(f_1(x),\ f_2(x),\ \cdots,\ f_k(x)\right),\\ s.t. g_i(x)\leqslant 0,\ i=1,\ 2,\ \cdots,\ m\ x\in\Omega\end{cases} \tag{3-3}$$

其中，$g_i(x)\leqslant 0$ 为不等式约束条件；MOP 的解是使向量 $\boldsymbol{F}(x)$ 的各分量取得最小值的决策变量，其中，x 是空间 Ω 中一个 n 维的决策变量。

MOP 的评价函数 $F:\Omega\rightarrow\Lambda$（$\Omega$ 是决策空间，Λ 是目标函数空间），把决策变量 $\boldsymbol{x}=(x_1,\ \cdots,\ x_n)$ 映射到向量 $\boldsymbol{y}=(a_1,\ \cdots,\ a_k)$。由于 MOP 问题的各个子目标往往是相互冲突的，一个子目标性能的改善可能会引起另一个子目标性能的降低，通常不存在使所有子目标函数同时达到最小的绝对最优解，只能在它们之间进行折中和协调，使各子目标函数都尽可能地达到最优。MOP 中的相关定义如下：

定义 2　Pareto 占优（Pareto Dominance）

向量 $\boldsymbol{u}=(u_1,\ \cdots,\ u_n)$ 优于向量 $\boldsymbol{v}=(v_1,\ \cdots,\ v_n)$，记为：$u\prec v$，当且仅当 $\forall i\in\{1,\ \cdots,\ k\}$，满足 $u_i\prec v_i$ 并且 $\exists i\in\{1,\ \cdots,\ k\}$，使得 $u_i\prec v_i$。

定义 3　Pareto 最优解（Pareto Optimality）

解 $x \in \Omega$ 称为 Ω 上的 Pareto 最优解，当且仅当不存在 $x' \in \Omega$，使得 $\boldsymbol{v} = \boldsymbol{F}(x') = (f_1(x'), \cdots, f_k(x'))$ 优于 $\boldsymbol{u} = \boldsymbol{F}(x) = (f_1(x), \cdots, f_k(x))$。

定义 4　Pareto 最优解集（Pareto Optimal Set）

对于给定的 MOP $\boldsymbol{F}(x)$，Pareto 最优集 ρ^* 定义为：

$$\rho^* = \{x \in \Omega | 不存在 x' \in \Omega，使得 \boldsymbol{F}(x') \prec \boldsymbol{F}(x)\} \tag{3-4}$$

定义 5　非劣解（Non-dominance Solution）

非劣解是指 Pareto 最优解通过函数 F 映射到目标函数空间中的向量。若向量 $\boldsymbol{x}$ 是多目标问题 F 的 Pareto 最优解，则向量 $\boldsymbol{F}(x) = (f_1(x), f_2(x), \cdots, f_k(x))$ 称为非劣解。

定义 6　Pareto 前沿（Pareto Front）

对于给定的 MOP $\boldsymbol{F}(x)$ 和 Pareto 最优集 ρ^*，Pareto 前沿 ρf^* 定义为：

$$\rho f^* = \{u = \boldsymbol{F}(x) \mid x \in \rho^*\} \tag{3-5}$$

可见，Pareto 前沿是 Pareto 最优集 ρ^* 在目标函数空间中的像 $f(\rho^*)$。

以求最小值为例，个体之间的支配关系、Pareto 最优层以及 Pareto 分层如图 3-2、3-3、3-4 所示。在图 3-2 坐标系中，以个体 p 为中心，位于 p 西南象限的个体的目标函数值 f_1、f_2 均比 p 的两个目标函数值小，因此该象限个体支配 p；位于 p 东北象限的个体的目标函数值 f_1、f_2 均比 p 的两个目标函数值大，因此该象限个体被 p 支配；而位于 p 东南、西北象限的个体的目标函数值 f_1、f_2 与 p 的两个目标函数值之间不存在绝对的大小关系，这些个体与 p 相当。在图 3-3 坐标系中，曲线连接的 5 个个体位于坐标系的西南象限，构成了 Pareto 最优层。在图 3-4 坐标系中，分析各个个体的目标函数值的支配关系，确定个体的 Pareto 分层，图中共有三个 Pareto 前沿层，即个体 1、2、3、4 属于第一层，个体 5、6、7 属于第二层，个体 8、9 属于第三层。

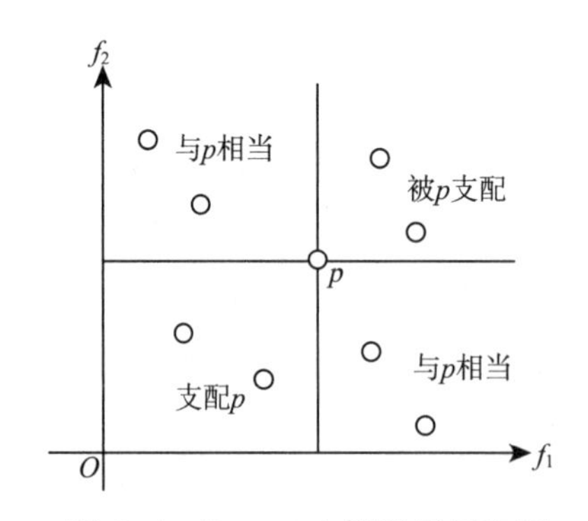

图 3-2　Pareto 支配关系示意图

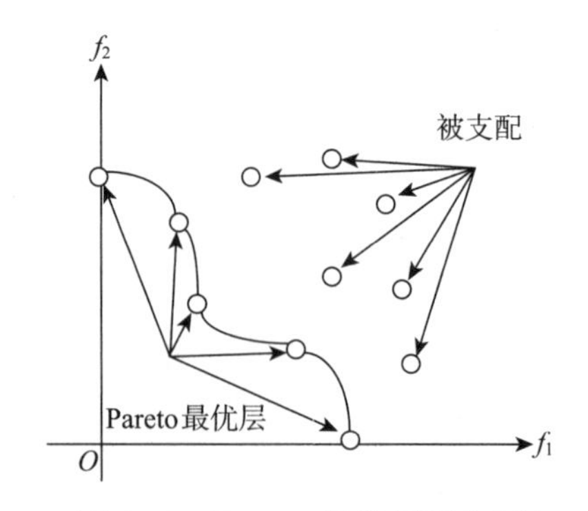

图 3-3　Pareto 最优层示意图

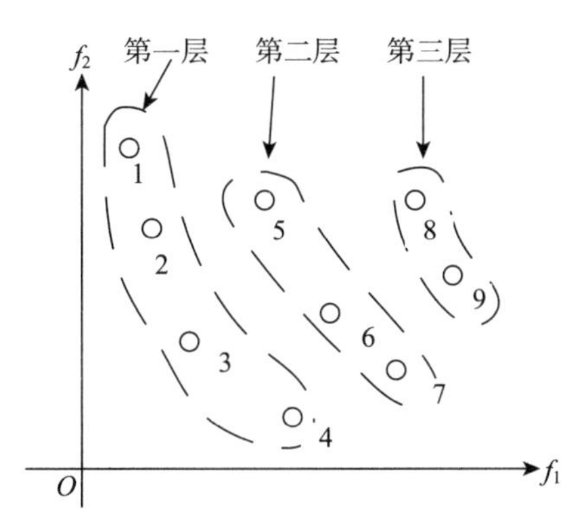

图 3-4　Pareto 层之间的关系示意图

3.2.2　多目标优化算法发展情况

进化算法（Evolutionary Algorithm，EA）是一类基于种群的搜索算法，该类算法可作为解决 MOP 问题有效的、重要的技术方法，这些算法主要有两种基本策略，即非支配排序策略和保持种群多样性策略。目前，许多学者在多目标进化算法领域展开了卓有成效的研究，相关研究成果如表 3-2 所示。

表 3-2　多目标进化算法的发展

时　间（年）	提出者	算　法
1985	Schaffer	Vector Evaluated Genetic Algorithm (VEGA)
1993	Fonseca and Fleming	Multi-Objective Genetic Algorithm (MOGA)
1994	Horn and Nafploitis	Niched-Pareto Genetic Algorithm (NPGA)
1994	Srinivas and Deb	Nondominated Sorting Genetic Algorithm (NSGA)
1999	Zitzler and Thiele	Strength Pareto Evolutionary Algorithm (SPEA)
1999	Knowles and Corne	Pareto Archived Evolution Strategy (PAES)
2002	Deb and Pratap	Nondominated Sorting Genetic Algorithm 2 (NSGA2)
2003—2009	新概念、新机制和策略引入 MOEA 中，如混合策略、并行策略、协同进化策略、动态进化策略、量子进化策略、差分进化策略等；高维和动态多目标优化研究取得了进展	
2010 至今	群智能算法（Swarm Intelligence）得到了快速发展，如混合粒子群算法、基于分解和蚁群的多目标进化算法等	

由表 3-2 可知，多目标进化算法的发展大致分为三个阶段：（1）1985—1994 年，这一阶段的算法包括 Pareto 和非 Pareto 方法，代表算法为 VEGA、MOGA、NPGA、NSGA；（2）1994—2003 年，精英策略成为算法设计的基本内容，算法运算效率改善明

显，代表算法为SPEA、PAES、NSGA2；（3）2003—2009年，大量新概念、新机制和策略引入多目标进化算法中；（4）2009年至今，群智能算法得到了快速发展。

3.2.3 NSGA-II算法

在工程技术领域，NSGA算法得到了广泛的应用，但其存在三个方面的缺点：（1）非支配排序时的计算复杂度高；（2）缺少精英策略；（3）需要设定共享参数。Deb在2002年提出了NSGA2算法，对NSGA算法进行了重大改进，使得该算法在进化算法领域非常流行。NSGA2提出了快速非劣排序算子（fast-nondominated-sort），使得算法的计算复杂度大为下降，约为$O(mN^2)$，m是优化目标个数，N是种群规模。对集合P进行非劣排序的具体流程为：

（1）令每个解$x \in P$对应的支配数即支配解x的所有个体的数量$n_x = 0$，以及解x对应的集合s_x，即解x所支配的个体的集合为空集；然后对集合P中的每个解q，如果$q \succ x$，则$s_x = s_x \cup \{q\}$，如果$x \succ q$，则$n_x = n_x + 1$；最后得到每个解对应的支配数n_x和集合s_x，并将$n_x = 0$的解放入到前端F_1中，且个体序位$x_{\text{rank}} = 1$。

（2）$i = 1$。

（3）令Q为空集，对于每个解$x \in F_i$，执行如下操作：

对于每个解$q \in s_x$，$n_q = n_q - 1$；如果$n_q = 0$，则q的序位为$q_{\text{rank}} = i + 1$且$Q = Q \cup \{q\}$。

（4）如果Q不为空集，则$i = i + 1$，$F_i = Q$，转到（3）；否则，停止迭代。

此外，NSGA2引入了“拥挤距离（Crowding Distance）”概念，利用种群中个体i在每个目标函数方向上与相邻两点的平均距离来衡量其密度，避免了适应值共享方法中共享参数的选择，拥挤距离的计算如图3-5所示。

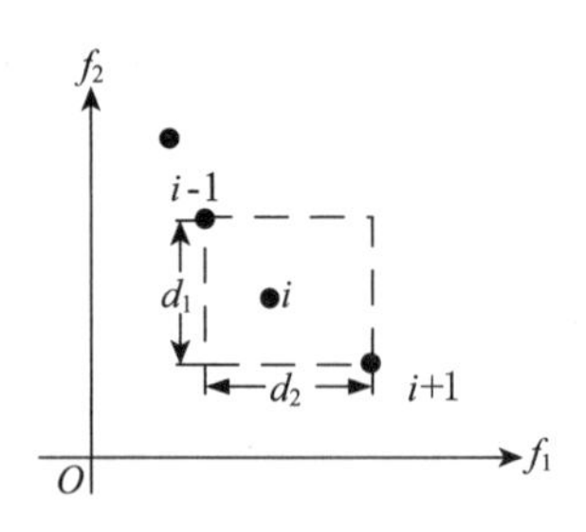

图3-5　拥挤距离示意图

如图3-5所示，对每个解i，计算由解$i+1$和$i-1$构成的矩形的平均边长，即$d_1 + d_2$，解i的拥挤距离为i_{distance}；边界解，也就是某个目标函数值最大或最小时，拥挤距离取值为无穷大。

根据非劣排序和拥挤距离计算，可以确定各个个体的序位和拥挤距离值，从而进行个体的选择，个体选择的原则为：

（1）当个体 i 的序位小于个体 j 的序位时，选择个体 i。

（2）当个体 i 的序位等于个体 j 的序位时，如个体 i 的拥挤距离大于个体 j 的拥挤距离，则选择拥挤距离大的个体。

NSGA2 算法的流程为：在每一代，首先对种群 P 进行遗传操作，得到种群 Q；然后将两种群合并后，进行非劣排序和拥挤距离排序，形成新的种群 P，反复进行直到结束。其具体过程描述如下：

（1）随机产生初始种群 P，然后对种群进行非劣排序，每个个体被赋予序位 *Rank*；再对初始种群执行二元锦标赛选择、交叉和变异，得到新的种群 Q_0，令 $t=0$。

（2）形成新的群体 $R_t = P_t \cup Q_t$，对种群 R_t 进行非劣排序，得到非劣前端 F_1，F_2，…。

（3）对所有 F_i 按拥挤比较操作 $\prec_n$ 进行排序，并选择其中最好的 N 个体形成种群 P_{t+1}。

（4）对种群 P_{t+1} 执行复制、交叉和变异，形成种群 Q_{t+1}。

（5）如果终止条件成立，则结束；否则，$t=t+1$，转到（2）。

3.2.4 MOEA/D 算法

基于分解的多目标进化算法（Multi-Objective Evolutionary Algorithm Based on Decomposition, MOEA/D）将多目标优化问题，分解为一定数量的单目标优化问题，然后用进化算法同时求解这些子问题。该算法设定的种群由每个子问题的最优解组成，通过一定数量的子问题，就能保证算法最优解的多样性和在最优前沿上的均匀分布。另外，该算法可设定每个子问题的邻域大小，使这些相邻的子问题能够共享优化信息，从而提高算法的寻优能力，避免陷入局部最优。常用的分解方法包括权重求和法、切比雪夫法、边界交叉法等。

（1）权重求和法

假设权重向量为 $\boldsymbol{\lambda}=(\lambda_1, \cdots, \lambda_m)^{\mathrm{T}}$，对于 $\forall i=1, \cdots, m$，有 $\sum_{i=1}^{m}\lambda_i=1$，有 m 个目标函数，记为 $f_i(x)$，则加权后的优化问题可写为：

$$\min g(x \mid \boldsymbol{\lambda}) = \sum_{i=1}^{m} \lambda_i f_i(x) \tag{3-6}$$

通过改变权重向量，不断逼近帕累托前沿，获取最优解。对于最小优化问题，优化解的求解过程如图 3-6 所示。

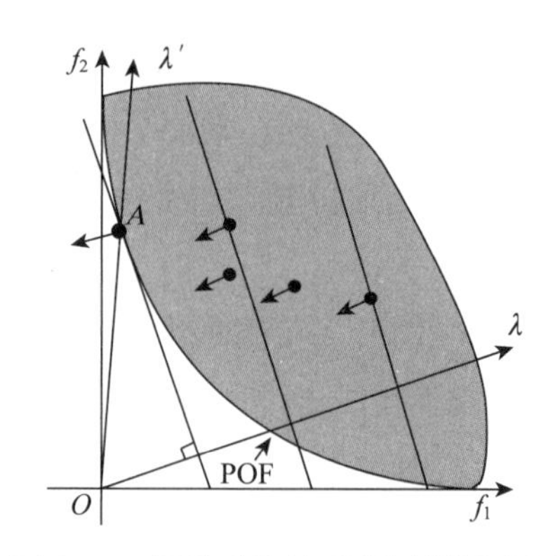

图 3-6　权重求和法求解过程示意图

（2）切比雪夫法

假设权重向量为 $\boldsymbol{\lambda}=(\lambda_1,\ \cdots,\ \lambda_m)$，有 m 个目标函数，$f(x)$ 是目标函数，则单目标优化的子问题可以描述为：

$$\begin{aligned}&\text{Minimize}\ g(x|\boldsymbol{\lambda},\ z^*)=\max_{1\leqslant i\leqslant m}\{\lambda_i\,|\,f_i(x)-z_i^*\,|\}\\&\text{Subject to}\quad x\in\Omega\end{aligned}\tag{3-7}$$

其中，$z^*=(z_1^*,\ \cdots,\ z_m^*)$ 是参考点，Ω 是决策空间，对所有的 $i=1,\ \cdots,\ m$，$\lambda_i\geqslant 0$，$\sum_{i=1}^{m}\lambda_i=1$，而且 $z_i^*=\min\{f_i(x)\,|\,x\in\Omega\}$。

通过这些子问题的最优解，就能够很好地逼近所研究的优化问题的 Pareto 前沿。对于最小优化问题，优化解的求解过程如图 3-7 所示。

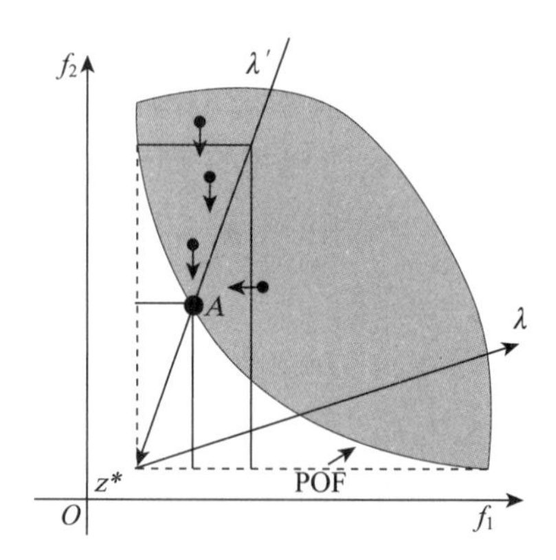

图 3-7　切比雪夫法求解过程示意图

（3）边界交叉法

在几何上来讲，该方法需要找到最上边界和一组线的交点。如果这些线条是均匀分布的，那么上述的交点可以较好地逼近整个帕累托前沿。优化子问题可以写为：

$$\min g(x|\boldsymbol{\lambda},\ z^*)=d\tag{3-8}$$

$$\text{subject to } z^{*}-F(x)=d\lambda \tag{3-9}$$

$$x\in\Omega \tag{3-10}$$

其中，λ 和 z^{*} 分别为权重向量和参考点。$z^{*}-F(x)=d\lambda$ 确保 $F(x)$ 总是在具有方向的线 L 上，并通过参考点，其目标是使 $F(x)$ 尽可能达到边界目标集。对于最小优化问题，优化解的求解过程如图 3-8 所示。

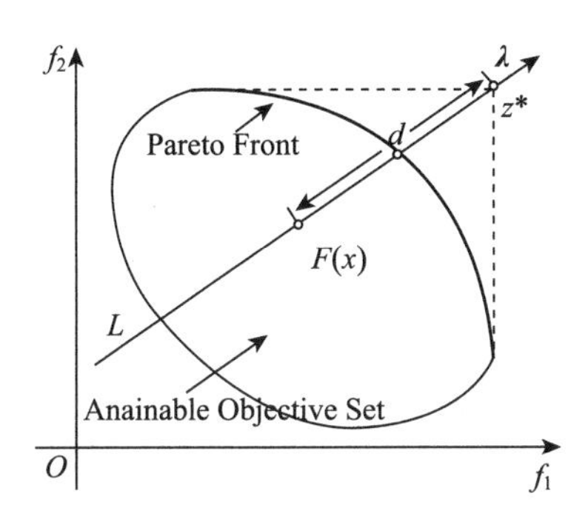

图 3-8　边界交叉法求解过程示意图

3.3　模拟仿真技术

根据研究范围及对象的不同，交通仿真通常可以分为宏观、中观和微观交通仿真。宏观交通仿真主要对区域的路段速度、交通流量进行分析，用于宏观的交通管理和发展政策制定、交通基础设施新建 / 改扩建效果评估、区域交通量 / 客流预测等，研究的典型问题包括出行路径选择、交通分配等。微观仿真以单个车辆的行为（速度、位置）为基础，反映车辆在道路上的跟车、换道等驾驶行为。通过模拟大量个体车辆的运行情况，可以分析不同控制规则、不同流量、不同流向、不同信号配时、不同车辆构成等状况，带来的交通运行影响（如交通延误、排队长度等）。中观仿真以若干辆车组成的队列为单元，运用速度 − 流量曲线描述车队在路段、节点的流入、流出行为。

20 世纪 60 年代以来，计算机技术得到了长足发展，使用计算机数字模型来反映和分析复杂的道路交通系统成为可能。交通仿真以信息技术、相似原理、系统工程和交通工程领域的专业技术为基础，以计算机为主要工具，利用系统仿真模型来模拟道路交通系统的运行状态，并以数字或图形的方式来刻画交通系统。交通仿真可以动态地、逼真地仿真交通流和交通事故，模拟再现交通流的时空变化情况，可以深入地分析车辆、驾驶员、行人、道路以及交通的特征，能够为交通规划、交通组织与管理、交通节能减排、运输优化等研究提供重要支撑。

20 世纪 60 年代以来，全球范围内出现了几十种微观交通仿真模型和多种交通仿真软件系统。影响较大的交通仿真软件包括：

（1）TSIS/CorSim（Corridor Microscopic Simulation）

CorSim 由美国联邦公路署（FHWA）开发，是最早的基于窗口的微观仿真系统。CorSim 仿真模型综合了应用于城市的 NetSim 和应用于高速公路的 FreSim 两款软件的特点。CorSim 具有先进的跟车、车道变换模型，以 1 s 为间隔模拟车辆的运动，能模拟绿波控制信号、车辆排队、高速公路交织、停车让行控制交叉口等交通运行状况。

（2）VISSIM

VISSIM 由德国 PTV 公司开发。该软件是离散的、随机的、以 0.1 s 为时间步长的微观仿真模型。在 VISSIM 中，车辆的纵向运动采用了心理－生理跟驰模型（如图 3–9 所示），横向运动采用基于规则（rule-based）的算法，并采用动态交通分配进行路径选择。在 VISSIM 中，通过在路网中移动“驾驶员－车辆－单元”来模拟交通流。具有特定驾驶行为的驾驶员被分配到特定的车辆，驾驶员的驾驶行为与车辆的技术性能一一对应。

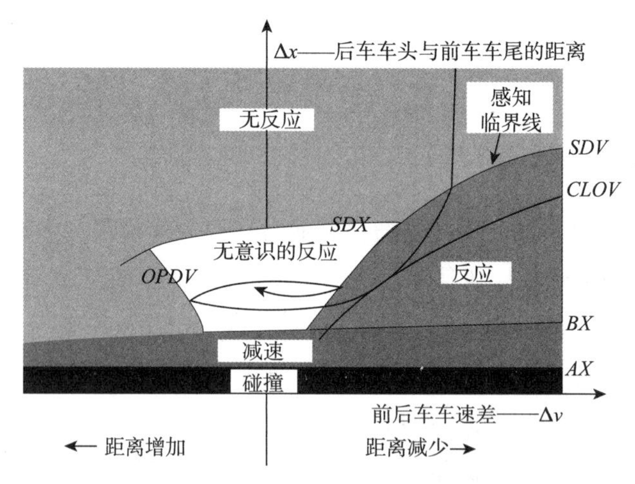

图 3–9　心理－生理跟驰模型（Wiedemann，1974）

（3）Paramics

Paramics 由英国 Quadstone 公司开发。该软件能适应各种规模的路网（从单节点到大规模路网），能支持 100 万个节点、400 万个路段、32 000 个区域。Paramics 具有实时动画的三维可视化用户界面，可以实现单一车辆的微观处理，支持多用户并行计算，具有功能强大的应用程序接口。

（4）AIMSUN

AIMSUN 由西班牙 TSS 公司开发，AIMSUN Simulator 可以处理各种类型的交通网络，包括城市街道、高速公路和一般公路，能处理环形道路、干线道路以及混合道路网络。作为有效的交通分析工具，AIMSUN Simulator 能模拟自适应交通控制系统、先进的交通管理系统、车辆引导系统和公交车辆行程安排和控制系统，可开展对环境污染和能源消耗的评估等工作。

（5）TransModeler

TransModeler 在 MITSimLab 模型结构的基础上，增加了一些新的功能。TransModeler 实现了微观仿真、准微观仿真和宏观仿真的集成，可依据网络范围和仿真解析度选择合适的仿真模型。TransModeler 能够将交通仿真模型和 GIS-T 有机结合起来，路网等空间数据存储与管理采用 GIS 数据处理方式，并且可通过数据库管理系统来管理路网等空间数据。此外，TransModeler 可在 GIS-T 图形界面上微观显示车辆运行状况及详细的道路交通状况。

（6）FLOWSIM

FLOWSIM 由英国南安普敦大学交通研究所开发，该软件是基于模糊逻辑的混合交通微观模拟系统，可以为用户提供一套内容丰富、操作灵活，可以模拟各种不同路网，如城市路网、高速路网、环岛等，并且准确地模拟各种混合交通行为（机动车、自行车及行人）的平台，可进行各种交通管理控制方案的测试和分析评价。

除了交通仿真技术以外，数值模拟技术也是解决相关工程和科学问题的重要手段。数值模拟也称为计算机模拟，依靠电子计算机，通过数值计算和图像显示的方法，达到对工程问题和物理问题，乃至自然界各类问题研究的目的。相对于试验方法，数值模拟技术拥有其独特的优势：模拟研究的周期短、效率高、费用较低；数值模拟可以按照需求改变各类不同参数的数值，从而制定不同的模拟方案，研究不同参数的变化对研究问题的影响；数值模拟基本不受实验条件的影响，能够尽可能真实地模拟环境因素（大气环境、地质构造、建筑布局、交通系统等）对研究结果的影响。数值模拟技术已经广泛应用于大气、地质、机械加工设计等领域。

参考文献

[1] KENNEDY J, EBERHART R.Particle Swarm Optimization [C]. IEEE International Conference on Neural Networks, 1995: 1942-1948.

[2] VANDENBERGH F, ENGELBRECHT A P. A Cooperative Approach to Particle Swarm Optimization [J]. IEEE Transactions on Evolutionary Computation, 2004, 8 (3): 225-239.

[3] LIANG J J, QIN A K, SUGANTHAN P N, et al. Comprehensive Learning Particle Swarm Optimizer for Global Optimization of Multimodal Functions [J]. IEEE Transactions on Evolutionary Computation, 2006, 10 (3): 281-295.

［4］GONG M G, JIAO L C, DU H F, et al. Multiobjective Immune Algorithm with Nondominated Neighbor-Based Selection［J］.Evolutionary Computation, 2008, 16（2）: 225-255.

［5］谢涛，陈火旺，康立山.多目标优化的演化算法［J］.计算机学报，2003,26（8）:997-1003.

［6］闫震宇，康立山，陈毓屏，等.一种新的多目标演化算法：稳态淘汰演化算法［J］.武汉大学学报（理学版）,2003,49（1）:33-38.

［7］SCHAFFER J D. Multiple Objective Optimization with Vector Evaluated Genetic Algorithms［C］. Proceeding of the First International Conference on Genetic Algorithms and Their Applications, 1985: 93-100.

［8］FONSECA C M, FLEMMING P J. Genetic Algorithms for Multiobjective Optimization: Formulation, Discussion and Generalization［C］. Proceedings of the Fifth International Conference on Genetic Algorithms, 1993: 416-423.

［9］HORN J, NAFPLIOTIS N, GOLDBERG D E. A Niched Pareto Genetic Algorithm for Multiobjective Optimization［C］. Proceedings of the First IEEE Conference on Evolutionary Computation, 1994: 82-87.

［10］SRINIVAS N, DEB K. Multi-Objective Optimization Using Nondominated Sorting in Genetic Algorithms［J］. Evolutionary Computation, 1994, 2（3）: 221-248.

［11］ZITZLER E, THIELE L. Mul-objective Evolutionary Algorithms: a Comparative Case Study and the Strength Pareto Approach［J］. IEEE Transactions on Evolutionary Computation, 1999, 3（4）: 257-271.

［12］KNOWLES J, CORNE D. The Pareto Archived Evolution Strategy: A New Baseline Algorithm for Pareto Multiobjective Optimization［C］. Proceedings of the 1999 Congress on Evolutionary Computation, 1999: 98-105.

［13］DEB K, PRATAP A, AGARWAL S, et al. A Fast and Elitist Multi-Objective Genetic Algorithm: NSGA-II［J］. IEEE Transactions on Evolutionary Computation, 2002, 6（2）: 182-197.

［14］雷德明，严新平.多目标智能优化算法及其应用［M］.北京：科学出版社，2009.

［15］TIWARI S, FADEL G, DEB K. AMGA2: Improving the Performance of the Archive Based Micro-Genetic Algorithm for Multi-Objective Optimization［J］. Engineering Optimization, 2011, 43（4）: 377-401.

［16］CAGNINA L C, ESQUIVEL S C, COELLO C A C. Solving Constrained Optimization Problems with a Hybrid Particle Swarm Optimization Algorithm［J］. Engineering Optimization,2011,43（8）:843-866.

［17］KE L J, ZHANG Q F. BATTITI R. MOEA/D-ACO: A Multiobjective Evolutionary Algorithm Using Decomposition and Ant Colony［J］. IEEE Transactions on Cybernetics, 2013,43（6）: 1845-1859.

［18］YANG X S, KARAMANOGLU M S, HE X. Flower Pollination Algorithm: A Novel Approach for Multiobjective Optimization［J］. Engineering Optimization, 2014, 46（9）: 1222-1237.

［19］ZHANG Q F, LI H.MOEA/D: A Multiobjective Evolutionary Algorithm Based on Decomposition［J］. IEEE Transactions on Evolutionary Computation, 2007,11（6）: 712–731.

［20］LI H, ZHANG Q F. Multiobjective Optimization Problems with Complicated Pareto Sets, MOEA/d and NSGA-II［J］. IEEE Transactions on Evolutionary Computation, 2009, 13（2）: 284-302.

［21］GRYFFINDOR H. 基于分解的多目标进化算法［EB/OL］.［2019-06-24］https://blog.csdn.net/sinat_33231573/article/details/80271801.

［22］BOYCE D. A Practitioner's Guide to Urban Travel Forecasting Models［C］. Metropolitan Conference on Public Transportation Research, 1998: 321-334.

［23］彭德品 . 基于交通仿真的交通信息预测技术研究［D］. 北京：北京邮电大学，2017.

［24］杨易，金新阳，杨立国 . 建筑结构风荷载与风环境数值模拟仿真研究与工程应用［J］. 土木建筑工程信息技术，2009，1（1）: 29-34.

第 4 章
面向事件检测的地面交通检测设备优化布局

4.1 交通事件的分类及检测

交通事件可以按其各要素进行分类，如交通事件发生时间、位置等。按事件是否发生于交通量高峰时段，可将事件分为高峰时间事件和非高峰时间事件；按事件发生于路段还是交叉口，可将发生在交叉口区域的事件称为交叉口事件，发生于路段区域的事件则称为路段事件，对于路段事件还可分为路段上游事件、路段中游事件、路段下游事件和展宽段事件。

根据交通事件引起的后果则可以把交通事件分为引起拥挤的交通事件和不引起拥挤的交通事件。其中，前一种情形是指对交通流正常运行产生较大影响的交通事件，一般发生在交通流量较大的时间、地点；后一种情形是指对交通流正常运行基本没有影响的交通事件，一般发生在低交通流量的时间、地点，如在低峰时段（夜间），道路车辆速度一般较高，单个车辆发生事故不会对交通流的运行状态造成影响。

在城市道路和高速公路中，交通事件是指任何偶发性的能引起车道通行能力减少或需求增加的非正常事件，包括交通事故、停滞的车辆、货物抛落、道路正常维护、重建项目、大型集会、游行或特殊的非紧急事件等。交通事件的基本特征则可以概括为成因多样性、发生时间和地点的随机性。

在稀疏道路的低流量条件下，交通流基本上不被交通事件中断，发生交通拥挤的可能性也非常低。因此，有别于传统的交通事件定义，本研究界定稀疏道路的交通事件为，由某些原因导致的车辆停车行为，且车辆的行程时间延误明显，停车原因包括发生交通事故、车辆抛锚、停车休息等。

在交通事件检测方面，不同的交通流状况对应的事件检测方式有显著差异。对引起交通拥挤的事件，可以从整体交通流的变化上进行分析，即根据宏观交通流参数的显著变化判别交通事件；对不引起交通拥挤的事件，则可从微观方面判别交通事件，即根据车载单元的检测判别交通事件。

庞根明设计了车载单元检测交通事件的系统，该系统集成了声音传感器、振动传感器和加速度传感器，并为不同的传感器设计了不同的阈值，实时采集和分析各类数据，若发现数据超过指定阈值，则触发车辆自动报警系统，并把报警信息通过GPS网络发送到交通救援中心，实现小交通流量情况下的车辆事件检测。姜桂艳和蔡志理等以车载GPS为依托，实时检测和分析单车的瞬时速度变化情况，确定采样时间间隔、减速度事件判断阈值、持续性检测时间，并设计了事件二级报警机制，实现对高速公路交通事件的快速检测。该方法既适用于交通拥挤情况下的交通事件检测，也适用于小流量情况和没有引发车辆排队的事件检测。梁倩玉利用车辆牌照识别系统，实现对车辆的识别与跟踪检测，设计了稀疏道路低流量条件下的单车跟踪交通事件检测算法。

在稀疏道路低流量的背景下，车载事件检测单元、车载GPS、车辆牌照识别系统等设备理论上均可用于稀疏道路的交通事件检测。

4.2　地面交通检测系统的构建

常规的地面交通检测系统主要包括车载检测系统、视频监视系统、非视频固定型检测系统等，其中车载检测系统主要包括车载事件检测单元、车载全球定位系统、车载电子标签；视频监视系统主要包括视频摄像机、高清卡口系统（车牌自动识别系统）；非视频固定型检测系统主要包括线圈、微波、红外、超声波等检测器，其设备组成及结构如图4-1所示。

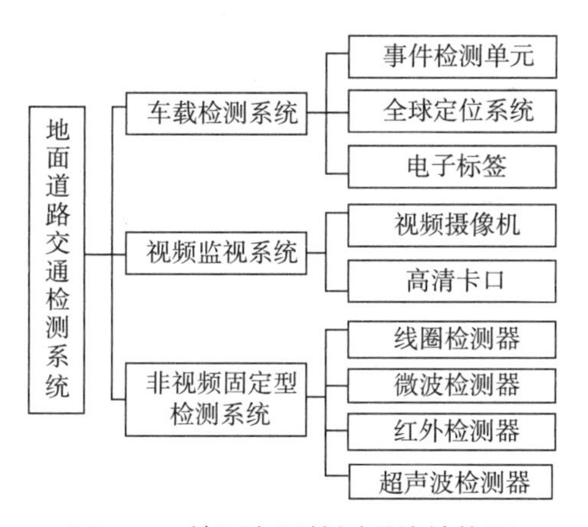

图4-1　地面交通检测系统结构图

受稀疏道路所在区域的社会、经济发展水平所限，车载事件检测单元、全球定位系统GPS、电子标签RFID设备的车辆配置率低，如不大规模配置车载检测单元、GPS、RFID设备，则较难实现交通事件的检测功能。此外，在稀疏道路条件下，道路发生交通事件后交通流参数不会发生明显的变化，因而常规的非视频交通检测器也难以进行交通事件检测。因此，选用视频摄像机和高清卡口系统作为稀疏道路交通事件检测的地面交通检测设备。上海宝康电子控制工程有限公司改进的高清卡口系统的设备组成如图 4-2 所示。

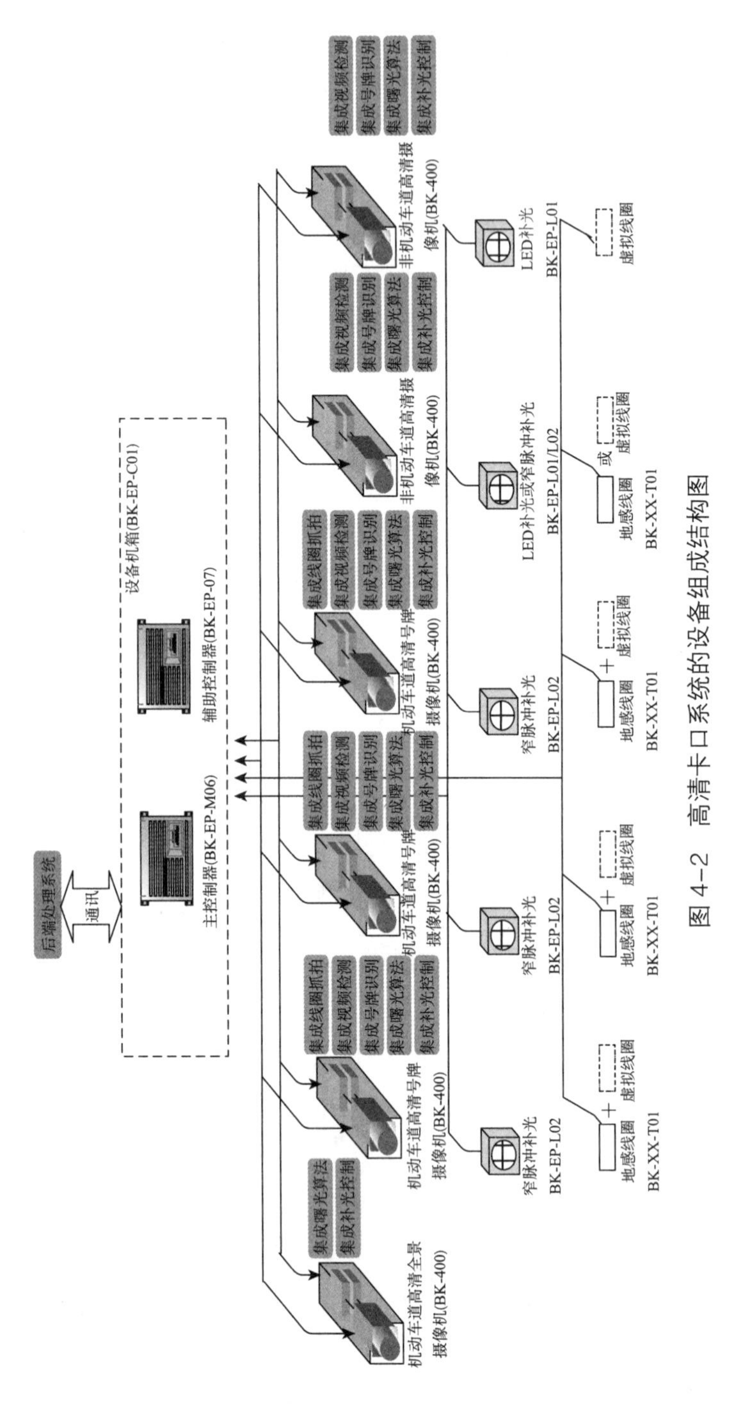

图 4-2　高清卡口系统的设备组成结构图

该系统前端设备包括高清摄像机、补光装置、检测线圈、主控制器、辅助控制器、大容量存储设备、号牌识别软件、USB 等人机交互接口、与后台连接的通信接口等。该高清卡口日间、夜间的车牌识别效果如图 4-3 所示。

图 4-3　高清卡口日间和夜间车牌识别效果图

4.3　地面交通检测设备优化布局方法

4.3.1　事件检测机制与路段划分

（1）事件检测机制

由 4.1 节分析可知，利用传统的宏观交通流参数发生的显著变化来自动判别事件的方法，在稀疏道路低流量情况下无法适用，此时，只能通过对微观的个体车辆进行跟踪与识别，才能较好地进行事件检测。

高清卡口系统可以利用图像识别的方法输出车辆牌照号码、车牌颜色、车速、通过时间、流量等参数，通过比对道路上、下游的车辆牌照，可以判断交通事件的发生，因此，可以在封闭的道路安装高清卡口来检测交通事件。而在交叉口（或立交桥区）处，由于存在车辆的多个方向进出，高清卡口的交通事件检测功能不能很好发挥，因而可在交叉口（或立交桥区）处引入视频摄像机，将实时的监控视频通过传输系统传输到交通管理指挥中心，然后通过人工直接判别或视频自动识别的方法，进行事件检测。此外，视频摄像机也可以安装在封闭路段当中，与高清卡口并联作为冗余设备，提高其覆盖路段的事件检测率。

因此，本研究的事件检测机制确定为引入高清卡口系统、视频摄像机进行个体车辆的跟踪与识别。其中，高清卡口系统主要利用车辆牌照比对方法，用于封闭路段的交通事件检测；视频摄像机主要用于交叉口（或立交桥区）处的人工或自动视频监测，且视频摄像机在封闭路段处可作为高清卡口的冗余补充设备。

（2）路段划分与交通事故预测

由于交通事件发生的随机性、偶然性，交通事件统计数据的完备性较差，而交通事故数据相对容易获取且能反映相关路段的道路安全水平，因此，选用交通事故数据来代替交通事件数据进行地面交通检测设备布局的建模分析。

在布局地面交通检测设备时，要以道路的安全性分析为基础，直观上来讲，道路安全性水平差的地方交通检测设备的布设密度要大一些，道路安全性水平好的地方交通检测设备的布设密度可以小一些。通常来说，道路的安全性评价需要考虑的因素包括环境、道路线形、交通属性等。王晓飞和郭忠印选择了上述相关的 17 个影响因素，提出了路段运营安全等级的二级模糊评判模型。当考虑因素较多，且用来建模的样本数据较多时，可建立拟合度较好的道路安全评价模型，但该方法往往受数据的限制，实用性不强。交通运输部 2004 年西部交通建设科技项目《公路交通安全手册研究》建立了我国西部地区高速公路安全特征数据库，建立了符合负二项分布的高速公路交通事故的简约预测模型。该模型运用较少的、常用变量，具有较好的实用性和可移植性。本研究的稀疏道路位于我国西部，道路特征、交通特征等与上述交通事故简约预测模型的背景类似，因此，采用该模型进行路段道路交通事故的预测，用来反映各路段的事故水平差异。该模型考虑了道路线形指标和交通指标，其形式为：

$$\begin{aligned}\lambda_i = E_{\text{expo}} \cdot \exp(-2.676614 + 0.0071095 \cdot \alpha_{\text{ave\_angle}} + 0.737331 \cdot c_{\text{v}} \\ + 0.2539619 \cdot i_{\text{ave\_slope}} + 6.14963 \cdot k_t),\ K = 0.7973127\end{aligned} \tag{4-1}$$

其中，λ_i 为研究路段每年发生的交通事故数量；E_{expo} 为暴露变量，年百万车公里；$\alpha_{\text{ave\_angle}}$ 为平曲线平均转角；c_{v} 为竖曲线变量；$i_{\text{ave\_slope}}$ 为竖曲线平均坡度；k_t 为研究路段年统计大车比例；K 为相关系数。

公式（4-1）中的平曲线平均转角、竖曲线变量、竖曲线平均坡度的具体含义如下：

$\alpha_{\text{ave\_angle}} = \frac{1}{n}\sum_{i=1}^{n}\partial_i$，$\partial_i$ 是路段第 i 个平曲线的转角，n 是路段中平曲线的个数；

$c_{\text{v}} = \frac{1}{n}\sum_{i=1}^{n}\frac{slope_i}{slope\_length_i}$，$slope_i$ 是路段第 i 个竖曲线的角度，$slope\_length_i$ 是路段第 i 个竖曲线的坡长，n 是路段竖曲线的个数；

$i_{\text{ave\_angle}} = \sum_{i=1}^{n} slope_i \cdot (slope\_length_i / \sum_{i=1}^{n} slope\_length_i)$，$slope_i$ 是路段第 i 个竖曲线的角度，$slope\_length_i$ 是路段第 i 个竖曲线的坡长，n 是路段竖曲线的个数。

运用上述简约事故模型预测交通事故时，需确定路段长度的大小。通常情况下路段划分方法分为定长法与不定长法。两种方法的优缺点对比分析如表 4-1 所示。对新修建或通车不久的道路而言，由于没有历史交通事故数据，难以分析道路的交通事故特征，可采用定长法划分路段长度。西部交通建设科技项目《公路交通安全手册研究》认为，本着实际应用的原则，平均路段长度为 1.5~3 km 为佳。

表 4-1　路段划分方法比较

方法	不定长法	定长法
优点	以交通量、限速、道路条件、交通事故指标作为道路分段依据；道路特征唯一、易于建模	路段划分简单；计算比较简便
缺点	考虑道路特征点较多时计算较为烦琐；分段过长或过短而引起与实际情况之间的较大偏差	如果分段长度过大，道路的特征、统计规律及使用价值都将很小，可能使得该段内的事故水平趋向平均

4.3.2　检测设备优化布局问题的描述与建模

面向事件检测的稀疏道路交通检测设备布局问题可以描述为，给定一定数量的高清卡口和视频摄像机，将它们安装在道路的什么位置才能获得尽可能好的交通事件检测效果。

为了对上述问题进行建模分析，对道路进行定长分段，将高清卡口和视频摄像机布设在道路上，不同的检测设备布设方案对应着不同的事件检测效果，然后对这些布设方案进行优选。

高清卡口或视频摄像机的布设示意图如图 4-4 所示，图的上半部分表示道路路段的划分情况，图的下半部分表示高清卡口或视频摄像机的安装位置（均用圆点表示）和路段的交通事故（用长方形表示，长方形越高代表该路段的交通事故数量越大）。图 4-4 中，道路按定长法划分为 N 个路段，布设了 $m+2$ 个高清卡口（含道路起、终点布设的 2 个高清卡口），相邻高清卡口设备构成了不同长度的 $m+1$ 个子路段。

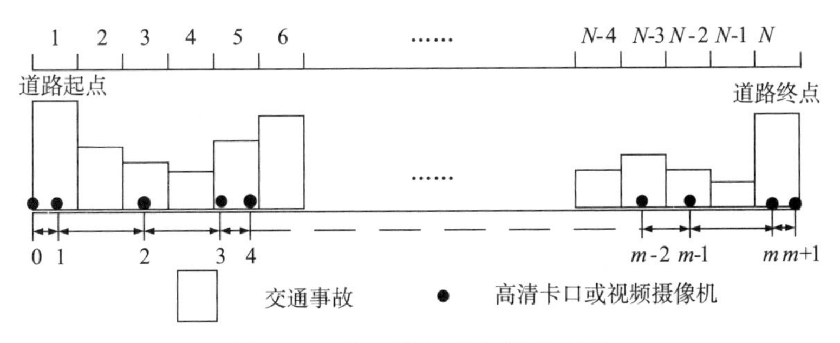

图 4-4　检测设备的布设示意图

在建模过程中，有如下几个假设前提：

（1）以稀疏道路条件下的道路事故空间分布特征为基础。对新建或通车不久的道路，由于缺乏道路交通事故统计数据，以经验公式预测的交通事故分布为基础，采用定长法进行路段划分。

（2）假设各定长划分子路段内的交通事故为均匀分布，即在该子路段内的交通事故累计数与路段里程呈正比例关系。

（3）高清卡口的事件检测精度特指在正常的天气条件下，受高清卡口设备的技术性能、交通流量、高清卡口间距因素影响的精度，在稀疏道路交通流量范围内，高清卡口设备技术性能确定的情况下，高清卡口的事件检测精度主要与高清卡口间距紧密相关。

（4）道路的起点和终点均安装高清卡口，记录所有进出道路的车辆。

根据以上假设，分两阶段分别布设高清卡口和视频摄像机。其中，第1阶段在封闭的路段上布设高清卡口，然后在第1阶段高清卡口的布设方案基础上，开始第2阶段的视频摄像机的布设。布设的位置既可以是封闭的路段，也可以是交叉口（或立交桥区）路段。需要说明的是，由于稀疏道路的流量低，彼此的交通影响很小，所以，本章建立的地面交通检测设备布局优化模型仅针对单条稀疏道路。

第1阶段　布设高清卡口建模

第2章2.2.2节分析了传统的道路交通事件“点式检测”（即“0–1”优化）的建模特点。即当交通检测器布设在路段上，决策变量取值为“1”，此时交通检测器布设路段的事件全部被检测到；当交通检测器未布设在路段上，决策变量取值为“0”，此时交通检测器布设路段的事件全部不能被检测到。显然，传统的“0–1点式检测”与高清卡口车牌识别比对的事件检测机制差异很大，与实际的高清卡口事件检测不符。实际上，高清卡口布设在道路上以后，相邻的高清卡口构成了不同的间隔路段，因此，结合不同的高清卡口间隔路段的事件检测，本节建立基于“段式检测”的高清卡口布设模型，模型中的决策变量为高清卡口在道路上的布设位置。

根据图4–4所述，假设道路长度为L，按定长划分方法划分为N个路段，布设的高清卡口数量总共有$m+2$个，对应着$m+1$个高清卡口路段。按布设里程递增，高清卡口的布设位置集合记为$R=\{x_0,\ x_1,\ \cdots,\ x_m,\ x_{m+1}\}$，其中，布设在道路起点的高清卡口位置记为$x_0=0$，布设在道路终点的高清卡口位置记为$x_{m+1}=L$。假设道路有$n$个交叉口（或立交桥区），每个交叉口（或立交桥区）的道路起点里程记为$Startpoint=\{p_1,\ p_2,\ \cdots,\ p_n\}$，每个交叉口（或立交桥区）的道路终点里程为$Endpoint=\{q_1,\ q_2,\ \cdots,\ q_n\}$，那么道路交叉口（或立交桥区）的位置集合可记为$Y=\{y\mid p_k\leqslant y\leqslant q_k,\ k=1,\ 2,\ \cdots,\ n\}$。

由于交叉口（或立交桥区）处有多个方向的车辆进出，事件检测效果受车辆的转向比例影响很大，难以量化研究。为方便建模研究，在第一阶段布设时，假设两个相邻的高清卡口覆盖的交叉口（或立交桥区）间隔路段的事件检测率为 0，而在第二阶段布设时，引入视频摄像头对这一间隔路段进行事件检测，予以补偿。因此，本阶段的高清卡口布设位置位于封闭路段，而不位于交叉口（或立交桥区）路段。此外，在布设高清卡口时，需要考虑高清卡口的间距问题，即高清卡口的间距不能过大，也不能过小。当高清卡口的间距较大时，虽然能减少高清卡口的布设数量，但是交通事件的检测及时性不能得到保证；当高清卡口的间距较小时，虽然能提高交通事件的检测及时性，但是所需要布设的高清卡口数量会增加，从而导致费用的增加。因此，记高清卡口的最大、最小间距分别为 Δ_{min} 和 Δ_{max}。

优化目标函数如下：

$$\max\ Z=\sum_{i=1}^{m+1}A_i\cdot f(x_i-x_{i-1}) \tag{4-2}$$

约束条件如下：

$$c\cdot(m+2)\leqslant C \tag{4-3}$$

$$\Delta_{min}\leqslant x_i-x_{i-1}\leqslant\Delta_{max},\ \forall i=1,\ 2,\ \cdots,\ m+1 \tag{4-4}$$

$$x_i\notin Y,\ \forall i=1,\ 2,\ \cdots,\ m+1 \tag{4-5}$$

$$(x_{i-1}\leqslant p_k)\wedge(q_k\leqslant x_i)\rightarrow f(x_i-x_{i-1})=0,\ \forall i=1,\ 2,\ \cdots,\ m+1,\ k=1,\ 2,\ \cdots,\ n \tag{4-6}$$

其中，优化目标是使高清卡口的事件检测最大，A_i 是高清卡口间隔路段的交通事故数量，$f(x_i-x_{i-1})$ 是第 i 个高清卡口间隔路段的交通事件检测率与该卡口间距的关系，其相关研究参见文献，本文中所使用的函数关系如图 4–8 所示。

公式（4–3）是成本约束，c 是单一高清卡口的成本，C 是总投资额，$m+2$ 是高清卡口的数量（含安装在道路首末的 2 个高清卡口），m 的取值为正整数；公式（4–4）是高清卡口的间距限制，最小间距是为了避免高清卡口布设过密，增加成本，最大间距是为了确保交通事件检测的及时性；公式（4–5）是保证高清卡口的安装位置不位于交叉口（或立交桥区）路段，而位于封闭路段；公式（4–6）根据本节的建模假设而来，其含义为：两个相邻的高清卡口覆盖的交叉口（或立交桥区）间隔路段的事件检测率为 0；决策变量为 x_i，其含义为高清卡口的布设位置。

在上述模型中，需要进一步明确公式（4–2）中 A_i 的实际意义和计算方法。A_i 是高清卡口间隔路段的交通事故数量，其与道路交通事故的分布、高清卡口布设的位置等因素相关，其计算步骤流程如下：

步骤 1：参数设置

道路中间的高清卡口数量设为 m，划分道路的定长为 ΔL，道路划分为 N 个子路段，每个定长子路段的交通事故数量记为 $Accident\,(i), i=1,2,\cdots,N$，$Accident\ V(j), i=1,2,\cdots,m$，从道路起点到第 j 个高清卡口的累计交通事故数记为 $aa(j), j=1,2,\cdots,m$，高清卡口间隔路段的交通事故数量记为 $B(k), k=1,2,\cdots,m+1$。

步骤 2：计算从道路起点到第 j 个高清卡口所在位置的覆盖路段的交通事故数量

（1）计算第 j 个高清卡口所在的定长子路段位置：$E=\text{ceil}(V(j)/\Delta L)$，其中 ceil 的含义为向上取整数值；

（2）当第 j 个高清卡口在第一个定长子路段内时，其累计交通事故数量为：

$$aa(j)=V(j)\times Accident(1)/\Delta L\ ;$$

（3）其他情形时，累计交通事故数量为：

$$aa(j)=\sum_{i=1}^{E(j)-1}Accident(i)+(V(j)-\Delta L\times(E(j)-1))\times Accident(E(j))/\Delta L\ 。$$

步骤 3：计算不同高清卡口间隔路段的交通事故数量

（1）第 1 个高清卡口间隔路段的交通事故数量为 $B(1)=aa(1)$；

（2）第 $m+1$ 个高清卡口间隔路段的交通事故数量为：

$$B(m+1)=\sum_{i=1}^{N}Accident(i)-aa(m)\ ;$$

（3）其他高清卡口间隔路段的交通事故数量为：

$$B(j)=aa(j)-aa(j-1),\ \forall j=2,\ 3,\ \cdots,\ m\ 。$$

第 2 阶段　布设视频摄像机建模

第 2 阶段的交通检测设备布设，是在第 1 阶段布设的基础上进行视频摄像机的布设。视频摄像机的布设区域依次是交叉口（或立交桥区）路段、其他封闭路段。其中，交叉口（或立交桥区）路段是视频摄像机布设的优先区域，安装摄像机后监控录像可以实时传输到交通监控中心进行人工监控；在其他封闭路段上，视频摄像机可作为高清卡口的并行冗余设备提高它所在路段的交通事件检测率。假定在设定的检测时间周期内（如 15 min），视频摄像机视野范围内的交通事件检测率为 γ，则根据可靠度理论，在视频摄像机视野范围内该并行交通检测系统的事件检测率为：

$$D_{si}=1-(1-D_{Vi})\times(1-\gamma) \tag{4-7}$$

其中，D_{si} 是并行交通检测系统在第 i 个子路段的事件检测率；D_{Vi} 是高清卡口在第 i

个子路段的事件检测率；γ 为视频摄像机的事件检测率。

由于视频摄像机的检测效果受其安装位置的影响，考虑了其安装位置的两种情形（前提是相邻的两个高清卡口的最小间距大于等于视频摄像机的双向监视范围，这一要求在实际中都能实现），即视频摄像机的监视范围在一个高清卡口间隔的路段内，以及视频摄像机的监视范围横跨两个高清卡口间隔路段。其情景如图 4–5 所示。

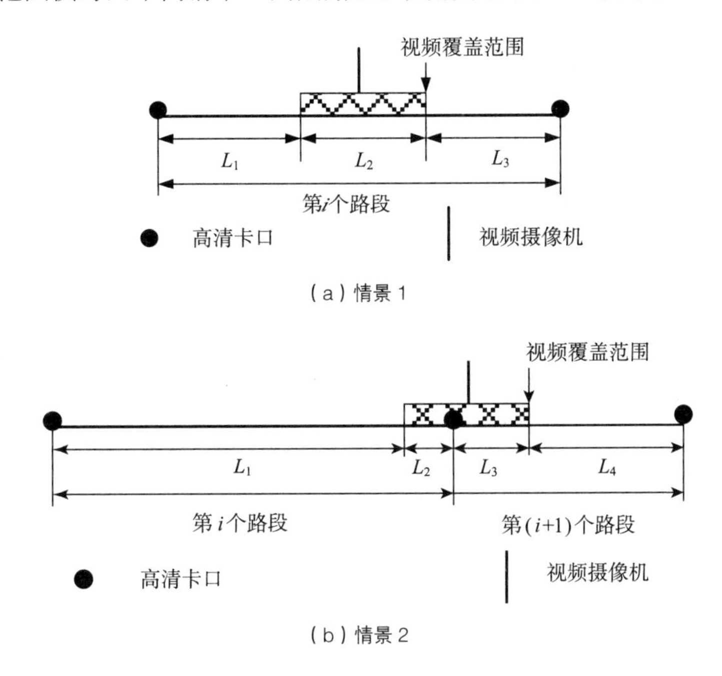

图 4–5　视频摄像机布设情景

在上述两个情景示意图中，长方形网格代表视频摄像机的覆盖范围，L_1、L_2、L_3、L_4 代表不同子路段的长度，其能够根据高清卡口和视频摄像机的安装位置计算获得。由于视频摄像机可以旋转 360°，因此摄像机位于覆盖范围的中央位置。情景 1 中第 i 个路段的检测到的交通事故数量可由公式（4–8）确定；情景 2 中第 i 个和第 $i+1$ 个路段的检测到的交通事故数量可由公式（4–9）和（4–10）确定。

$$\frac{L_1+L_3}{L_1+L_2+L_3}\times Accident(i)\times D_i+\frac{L_2}{L_1+L_2+L_3}\times Accident(i)\times D_{si} \tag{4–8}$$

$$\frac{L_1}{L_1+L_2}\times Accident(i)\times D_i+\frac{L_2}{L_1+L_2}\times Accident(i)\times D_{si} \tag{4–9}$$

$$\frac{L_3}{L_3+L_4}\times Accident(i+1)\times D_{s,(i+1)}+\frac{L_4}{L_3+L_4}\times Accident(i+1)\times D_{i+1} \tag{4–10}$$

其中，$Accident(i)$、$Accident(i+1)$ 分别是第 i 个、$i+1$ 个高清卡口间隔路段的交通事

故数量；D_i、D_{i+1} 是在第 i 个、$i+1$ 个高清卡口间隔路段仅使用高清卡口的事件检测率；D_{si}、$D_{s,(i+1)}$ 分别代表并行交通检测系统在路段 i、$i+1$ 上视频摄像机视野范围内的事件检测率。

根据以上分析，在情景 1、2 中增加一个视频摄像机而增加的检测到的交通事故数量可由公式（4–11）和（4–12）确定：

$$\Delta D = \frac{L_2}{L_1 + L_2 + L_3} \times (D_{si} - D_i) \times Accident(i) \tag{4–11}$$

$$\Delta D = \frac{L_2}{L_1 + L_2} \times (D_{si} - D_i) \times Accident(i) + \frac{L_3}{L_3 + L_4} \times (D_{s,(i+1)} - D_{i+1}) \times Accident(i+1) \tag{4–12}$$

假设第一阶段优化布设的高清卡口检测的交通事故数量为 Z_0，视频摄像机的单向监视范围为 SD，视频摄像机的数量为 n，视频摄像机的安装位置集合记为 $YR=\{y_1, y_2, \cdots, y_n\}$，为保证视频摄像机的监测视野不超出道路，视频摄像机的安装位置应处于道路 $[SD, L-SD]$ 之间，其中 L 为道路总长度。因此，在第一阶段优化布设高清卡口的基础上，再布设若干视频摄像机后，交通检测系统所检测到的交通事件数量的目标函数可表示为：

$$\max H = Z_0 + \sum_{j=1}^{n} \Delta D_j \tag{4–13}$$

其中，公式前半部分 Z_0 为经过优化后的高清卡口检测的交通事故数量；后半部分为增加视频摄像机之后，检测系统增加的检测到的交通事故数量；n 是视频摄像机的数量；目标函数是检测到的交通事故数量最多。

约束条件包括：给定的一定数量的摄像机；两个相邻视频摄像机的最小间距，视频摄像机的最小间距是为了避免摄像机布设过密，造成浪费。

本模型的决策变量是不同视频摄像机的安装位置，每个摄像机所处位置的情景可根据优化后的高清卡口安装位置和摄像机安装位置共同决定。因此，每增加一个视频摄像机，确定它属于情景 1 还是情景 2，然后将公式（4–11）或（4–12）增加到目标函数中。

4.3.3 优化求解算法

面向事件检测的交通检测设备布设优化模型中，优化目标为交通检测系统的事件检测最大，决策变量为交通检测设备的空间分布点位，与目标函数直接相关的道路交通事故呈离散化分布特征，而高清卡口的布设点位呈现连续分布的特点，两者的不一致造成了该问题求解困难。

遗传算法是一类借鉴生物界的进化规律（适者生存，优胜劣汰遗传机制）演化而来的随机化搜索方法，直接对结构对象进行操作，不存在求导和函数连续性的限定，具有内在的隐并行性和更好的全局寻优能力，采用概率化的寻优方法，能自动获取和指导优化的搜索空间，自适应地调整搜索方向，不需要确定的规则，已广泛应用于各领域的优化问题。其具有如下优点：

（1）遗传对所解的优化问题没有太多的数学要求，遗传算法可以处理任意形式的目标函数和约束，无论是线性的还是非线性的，离散的还是连续的，甚至混合的搜索空间。

（2）进化算子的各态历经性使得遗传算法能够非常有效地进行概率意义下的全局搜索，而传统的优化方法是通过邻近点比较而转移到较好的点，从而达到收敛的局部搜索过程。

（3）遗传算法对于各种特殊问题可以提供极大的灵活性来混合构造领域独立的启发式，从而保证算法的有效性。

由于遗传算法具有以上优点，且在面向事件检测的交通检测设备布设优化模型中，决策变量为交通检测设备的空间分布点位或者说是交通检测设备所在道路里程位置，因此，设计了实数编码的遗传算法求解该问题。算法的主要内容包括：随机生成初始种群、个体适应度的计算及惩罚处理、轮盘赌选择复制、算术交叉、非均匀变异，算法流程如图 4–6 所示。

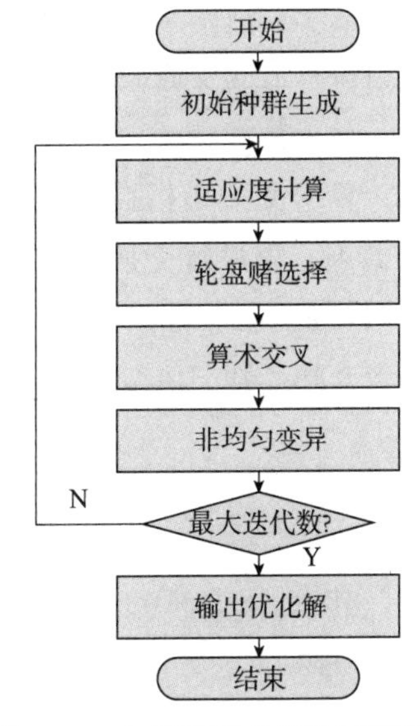

图 4–6　实数型遗传算法流程图

（1）种群生成

初始种群是不同布设方案下的交通检测器的道路安装位置，因此初始种群的生成要符合交通检测器的数量要求、检测器最小 / 大间距要求，其步骤为：

① 确定初始种群的规模，即交通检测器空间布设位置方案的个数，或者说染色体的个数。

② 初始种群的生成方法为：随机生成若干个满足交通检测器分布里程的随机数，随机数的数量为交通检测器的数量，随机数列的个数为染色体个数。

③ 保证随机数按从小到大的顺序排列，且相邻随机数的差值符合交通检测器的间距要求。

（2）适应度的计算

使用目标函数为适应度函数，在每一次迭代循环过程中，种群染色体的基因值会发生变化，有可能导致交通检测器的间距或布设位置不符合设定要求，因此需要进行染色体适应度的调整计算，其公式为：

$$E = Z \times (1 - \sum_{i=1}^{n} \omega_i) \tag{4-14}$$

其中，E 是适应度值；Z 是目标函数值；ω 是惩罚权重；n 是染色体基因值不符合检测器间距或布设位置要求的次数。

（3）轮盘赌选择和精英策略

根据第（2）步操作，每个染色体对应着一个适应度值，适应度值大的染色体被选中进入下一代种群的可能性较大，适应度值小的染色体被选中进入下一代种群的可能性则较小，种群中染色体 i 被选中的概率为：

$$P_i = E_i / \sum_{j=1}^{N} E_j \tag{4-15}$$

其中，E_i 是染色体 i 的适应度值；N 是种群中染色体的个数；精英个体选择的策略是直接将适应度值最大的染色体保留，并将该染色体替换适应度最小的染色体。

（4）算术交叉

算术交叉是指在种群中随机选择两个父代染色体，然后随机产生两个染色体基因交换点，再进行交换点之间的基因值的线性组合。例如，有两个被选中的父代染色体 $\boldsymbol{f}_a = (x_1, x_2, \cdots, x_l)$ 和 $\boldsymbol{f}_b = (y_1, y_2, \cdots, y_l)$，两个基因交换点位置分别为 i 和 j，处于这两个基因位置之间的基因值按下式计算：

$$\begin{aligned} x'_k &= y_k \times \alpha + x_k \times (1-\alpha) \\ y'_k &= x_k \times \alpha + y_k \times (1-\alpha) \qquad k = i+1,\ \cdots,\ j \end{aligned} \tag{4-16}$$

其中，α 是（0，1）之间的随机数。经过算术交叉后的两个子代染色体可表示为：

$$\begin{aligned} \boldsymbol{f}'_a = \boldsymbol{x}' &= (x_1,\ \cdots,\ |x'_{i+1},\ x'_{i+2},\ \cdots,\ x'_j|,\ x_{j+1},\ \cdots,\ x_l) \\ \boldsymbol{f}'_b = \boldsymbol{y}' &= (y_1,\ \cdots,\ |y'_{i+1},\ y'_{i+2},\ \cdots,\ y'_j|,\ y_{j+1},\ \cdots,\ y_l) \end{aligned} \tag{4-17}$$

（5）非均匀变异

非均匀变异是指对染色体原有基因值做一随机扰动，以扰动后的结果作为变异后的新基因值。对每个基因值都以相同的概率进行变异运算之后，相当于整个解向量在解空间中做了一个轻微的变动。

例如，选中第 t 代的父染色体 $\boldsymbol{X}^t = (x_1,\ x_2,\ \cdots,\ x_k, \cdots,\ x_l)$，选择基因 x_k 进行变异，变异后的子染色体为 $\boldsymbol{X}^{t+1} = (x_1,\ x_2,\ \cdots,\ x'_k,\ \cdots,\ x_l)$，其中：

$$x'_k = \begin{cases} x_k + \Delta(t,\ U^k_{\max} - x_k), & \text{if random}(0,\ 1) = 0 \\ x_k - \Delta(t,\ x_k - U^k_{\min}), & \text{if random}(0,\ 1) = 1 \end{cases} \tag{4-18}$$

公式中 $U_{\max}^{k}$ 和 $U_{\min}^{k}$ 是基因 x_k 的最大值和最小值；$\Delta(t,y)$ 表示 $[0,y]$ 范围内符合非均匀分布的一个随机数，要求随着进化代数 t 的增加，$\Delta(t,y)$ 接近于 0 的概率也逐渐增加，其表达式为：

$$\Delta(t,\ y)=y\cdot(1-r^{(1-t/T)b}) \tag{4-19}$$

式中，r 为 [0，1] 范围内符合均匀概率分布的一个随机数；T 是最大进化代数；b 是一个系统参数，它决定了随机扰动对进化代数 t 的依赖程度，其取值一般为 [2，5]。

4.4　案例研究

新疆库尔勒－库车高速公路是国道 314 线的一部分，是国家高速公路网连霍主干线的重要连接线，为南北疆公路运输大动脉，同时也是我国内地通往中亚、欧洲的重要通道，路线全长 299.71 km，道路桩号起点为 K457+500M，终点为 K757+500M，该高速公路的位置示意图如图 4-7 所示。

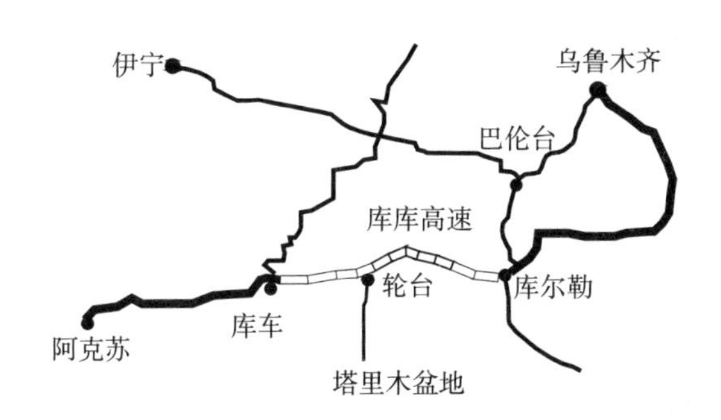

图 4-7　库库高速位置示意图

该高速是国家高技术研究发展计划项目——《基于地空信息技术的稀疏路网交通监控与预警系统》的依托工程，选取该高速前 225 km 路段为研究对象，该段道路共有互通立交 9 座，以 3 km 为定长，将该道路划分成为 75 段，运用公式（4-1）预测路段的交通事故，预测值如表 4-2 所示，其中立交桥区的交通事故预测值占总交通事故预测值的比例为 9.24%。

表 4-2　路段交通事故预测值统计分析表

变量	路段数（个）	最小值	最大值	平均值	标准差
平曲线平均转角（°）	75	0	63.82	15.95	15.62
竖曲线变量（°/km）	75	0.15	2.76	1.17	0.62
竖曲线平均坡度（°）	75	0.15	1.77	0.62	0.40
预测事故数量（起/年）	75	10.66	24.57	13.30	2.60

在高清卡口和视频摄像机布设过程中，需要确定其间距大小。对高清卡口而言，最小间距取值为 1 km，这样可避免交通检测设备布设过近造成资源浪费，最大间距取值为 15 km，以满足最长检测时间为 15 min 的要求（此时对应的道路最小车速为 60 km/h）。现有视频摄像机单向路段监控长度可达 500 m，且能够 360° 旋转监测，因此视频摄像机能够覆盖监控的路段长度取值为 1 km。文献 [6] 提出了稀疏道路低流量情况下的单车跟踪事件检测算法，给出了高清卡口的事件检测率和高清卡口间距的函数关系，如图 4-8 所示，本文以该函数关系作为面向事件检测的地面交通检测设备布局优化模型中公式（4-2）中 $f(x_i - x_{i-1})$ 的输入条件。

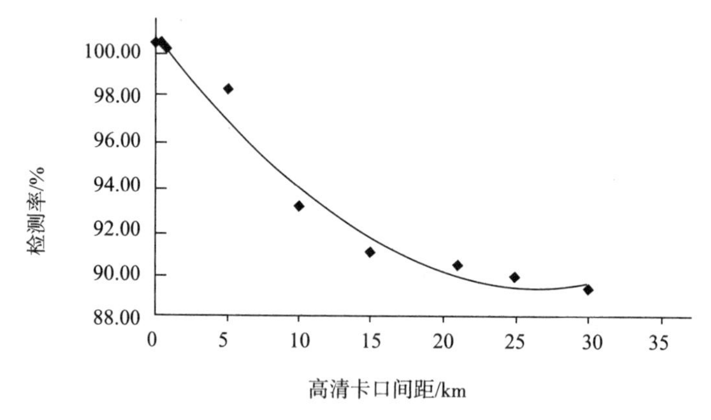

图 4-8　高清卡口事件检测率与间距的关系

4.4.1　第一阶段优化布局

阶段 1 情景说明：仅在封闭路段上布设高清卡口，也就是高清卡口的安装位置在封闭的路段上，而不在各个立交桥区上。

根据前述模型和算法，在 MATLAB 平台中分析结果，实数型遗传算法的参数设置为：种群规模为 30 个，最大迭代次数为 500 次，交叉率为 0.6，变异率为 0.08，非均匀变异种的系统参数 b 取值为 2。

改变不同的高清卡口数量，对不同的高清卡口数量取值情形，在 MATLAB 平台中均优化 10 次，然后从优化结果中选出最优检测值，不同高清卡口数量的交通检测系统的事件检测率如图 4-9 所示。

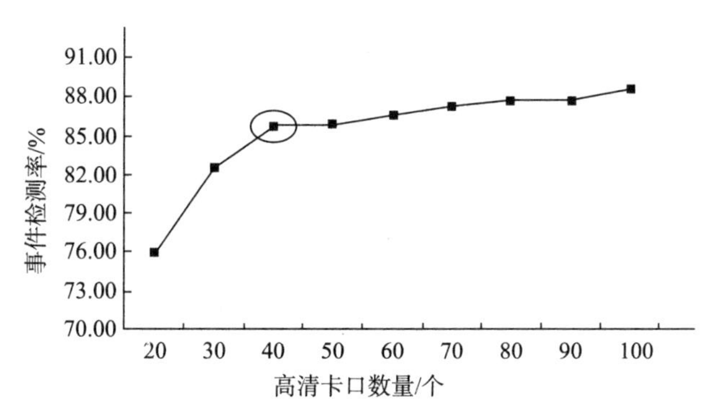

图 4-9　交通检测系统的交通事件检测率

由图 4-9 可知，仅在路段上布设高清卡口时，当高清卡口布设数量从 20 个提高到 40 个时，交通事件检测率提高显著，即从 75.90% 提高到 85.65%，此时的目标函数值收敛情况如图 4-10 所示。

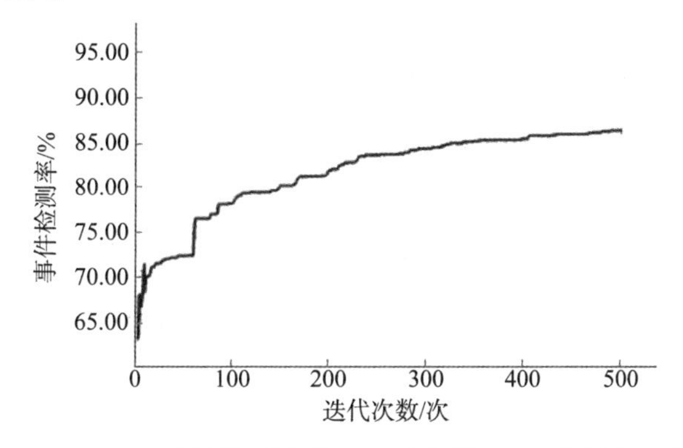

图 4-10　事件检测率收敛图（布设 40 个高清卡口）

之后，随着高清卡口数量的增多，交通检测系统事件检测率增加，但增幅明显降低；当布设 100 个高清卡口时，检测率为 88.54%。其中，40 个高清卡口的布设图如图 4-11 所示，图中的圆点表示高清卡口的布设位置，此情形事件检测率优化前后的对比情况如表 4-3 所示。

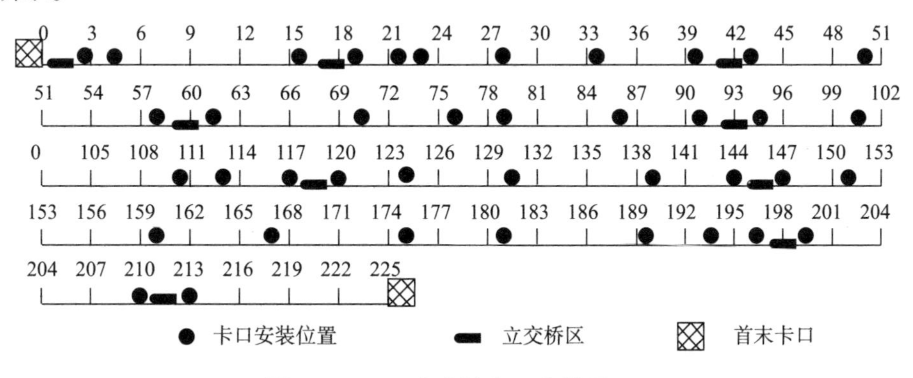

图 4-11　40 个高清卡口布设图

表 4–3　阶段 1 优化前后事件检测率对比

检测率比较	最小值	平均值	最大值
初始检测率	39.52%	50.23%	62.80%
优化后的检测率	82.39%	84.49%	85.65%
变化幅度	+108.48%	+68.21%	+36.39%

注：初始解规模为 30 个，优化解的个数为 10。

由表 4–3 可知，在布设 40 个高清卡口时，对规模为 30 个的初始种群进行优化以后，高清卡口系统的事件检测效果得到显著的改善，优化解在最小值、平均值、最大值三个方面较之初始解，分别提高了 108.48%、68.21%、36.39%，这说明优化效果明显。

4.4.2　第二阶段优化布局

阶段 2 情景说明：阶段 1 中的高清卡口段式检测方法难以检测立交桥区的交通事件，因此在阶段 1 的基础上布设视频摄像机，视频摄像机既可以布设在立交桥区，监控立交桥区的车辆进出、转向行为，也可以布设在封闭的路段中，与高清卡口共同构成并行交通检测系统进行交通监控。

根据前述模型和算法，在 MATLAB 平台中分析结果，实数型遗传算法的参数设置为：种群规模为 30 个，最大迭代次数为 500 次，交叉率为 0.6，变异率为 0.08，非均匀变异种的系统参数 b 取值为 2。

改变不同的视频摄像机数量，对不同的视频摄像机数量、不同的视频摄像机事件检测率取值情形（本研究中视频摄像机事件检测率 γ 取值分为三种情形讨论，100%、85%、70%），在 MATLAB 平台中均优化 10 次，然后从优化结果中选出最优检测值，不同视频摄像机数量的交通检测系统的事件检测率如图 4–12 所示。

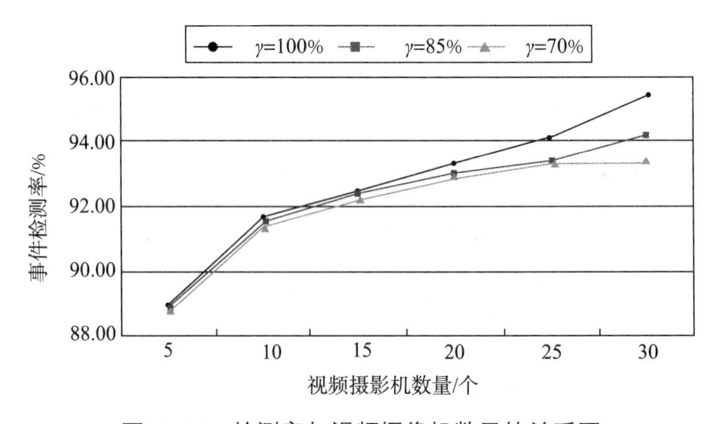

图 4–12　检测率与视频摄像机数量的关系图

由图 4-12 可知，随着布设的视频摄像机数量的增加，交通检测系统的总体事件检测率在不断上升。当视频摄像机数量少于 15 个且 γ 任意取值为 70%、85%、100% 时，交通检测系统事件检测率差异不大；当视频摄像机数量大于 15 个且随着 γ 取值的增大，交通检测系统事件检测率差异越来越大；当视频摄像机的数量为 30 个时，γ 取值为 70%、85%、100% 时对应的事件检测率分别为 93.47%、94.20%、95.48%。由此可见视频摄像机的事件检测率对交通检测系统的事件检测效率有较大影响。因此，加强视频的人工监控或自动识别具有一定的现实意义。其中，γ 取值为 100%，布设的视频摄像机数量为 30 个时，检测率为 95.48% 时的目标函数值收敛情况如图 4-13 所示，此时的检测器布局情景如图 4-14 所示。

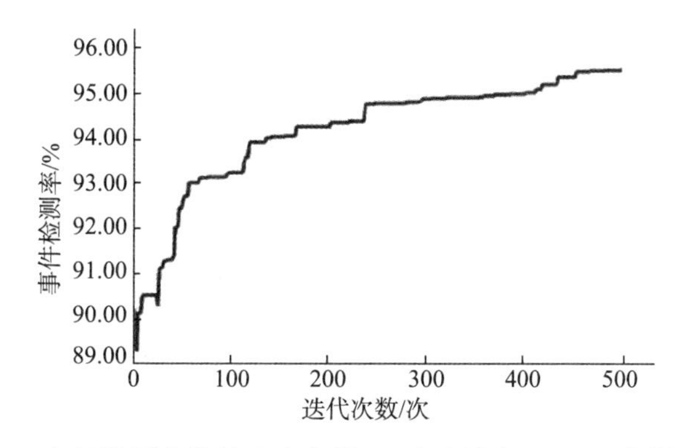

图 4-13　事件检测率收敛图（布设 40 个高清卡口、30 个视频摄像机）

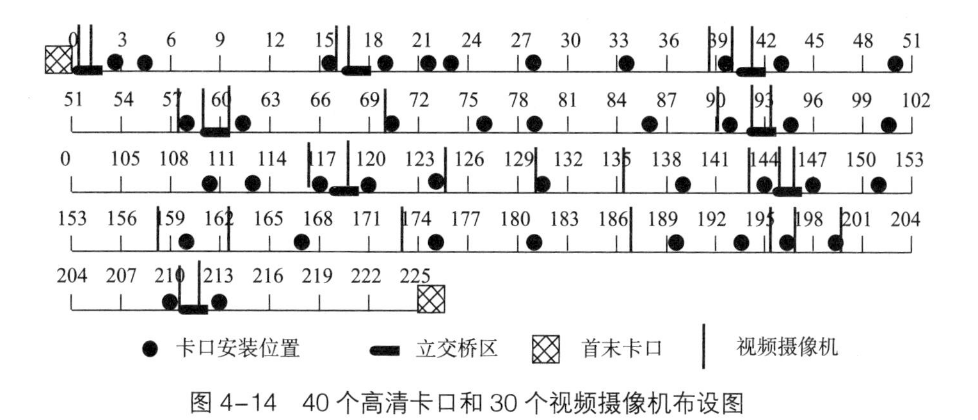

图 4-14　40 个高清卡口和 30 个视频摄像机布设图

由图 4-14 可知，共有 16 个视频摄像机布设在 9 个立交桥区，其他视频摄像机布设在其他非立交桥区路段。当交通系统检测率的要求为不低于 95% 时，则图 4-14 的交通检测设备布设方案能够满足交通检测系统的事件检测需求，此情形事件检测率优化前后的对比情况如表 4-4 所示。

表 4–4　阶段 2 优化前后事件检测率对比

检测率比较	最小值	平均值	最大值
初始检测率	86.22%	87.47%	88.67%
优化后的检测率	92.55%	93.92%	95.48%
变化幅度	+7.34%	+7.38%	+7.68%

注：初始解规模为 30 个，优化解的个数为 10。

由表 4–4 可知，在布设 40 个高清卡口和 30 个视频摄像机时，对规模为 30 个的初始种群进行优化以后，高清卡口和视频摄像机系统的事件检测效果得到改善，优化解在最小值、平均值、最大值三个方面较之初始解，分别提高了 7.34%、7.38%、7.68%。由于布设 40 个高清卡口时，事件检测率已经高达 85.65%，优化解与初始解相比，高清卡口和视频摄像机系统的事件检测率还能提高七个百分点以上，这说明优化效果较为明显。

参考文献

[1] 曾松 . 城市道路网络交通导行策略研究 [D]. 上海：同济大学，2001.

[2] 吴震 . 面向事件的城市道路信号控制理论与方法研究 [D]. 上海：同济大学，2008.

[3] 杨晓光，彭国雄，王一如 . 高速公路交通事故预防与紧急救援系统 [J] . 公路交通科技，1998，15（4）：46-51.

[4] 庞根明 . 城市道路交通事件自动检测方法研究 [D] . 长春：吉林大学，2007.

[5] 姜桂艳，蔡志理，江龙晖 . 基于 GPS 的高速公路交通事件自动检测算法研究 [J] . 交通与计算机，2007，25（2）：1-5.

[6] 梁倩玉 . 稀疏路网交通事件检测与设备布局优化研究 [D] . 上海：同济大学，2011.

[7] 同济大学交通运输工程学院 . 基于地空信息技术的稀疏路网交通监控与预警系统 [R] . 上海：同济大学，2012.

[8] 王晓飞，郭忠印 . 基于路段二级模糊评判的路网运营安全性研究 [J] . 同济大学学报（自然科学版），2007，35（12）：1632-1636.

[9] 唐琤琤，何勇，张铁军 . 道路交通安全手册研究 [M] . 北京：人民交通出版社，2009.

[10] 钟连德，陈永胜，孙小端，等 . 基于有序聚类分析的高速公路路段长度划分研究 [J] . 武汉理工大学学报（交通科学与工程版），2008，32（1）：43-46.

[11] 常云涛，梁倩玉，孙健，等 . 基于车辆跟踪的低流量道路交通事件检测方法：

ZL 201110253333.1［P］. 2012-04-25.

［12］彭仲仁，刘晓锋，常云涛，等. 稀疏路网交通检测器布局方法：ZL 201110252376.8［P］. 2012-01-04.

［13］KAPUR K C, LAMBERSON L R.Reliability in Engineering Design［M］. New York: John Wiley & Sons. 1980.

［14］GOLDBERG D E.The Design of Innovation: Lessons from and for Competent Genetic Algorithms［M］. MA: Addison-Wesley. 2002.

［15］周明，孙树栋. 遗传算法原理及应用［M］. 北京：国防工业出版社，1999.

［16］侯伶. 高清卡口系统在金丽温高速公路的应用［J］. 中国交通信息化，2012（1）：83-85.

第 5 章
静态无人飞机路径规划的多目标优化方法

5.1 路径规划问题描述与建模

5.1.1 问题描述

稀疏道路的侦察目标可根据交通信息采集、交通事件检测需求分别予以确定。从交通信息采集角度出发，可将未安装交通检测设备的路段或已安装交通检测设备但需要无人飞机进行辅助检测的路段作为侦察目标；从交通事件检测的角度出发，可将人的活动涉及较少的事故多发路段（称为线目标）或区域（称为面目标）作为侦察目标，同时受多样化的交通监控需求影响，侦察目标存在时间窗的要求，如在交通高峰时段采集路段的交通信息（车流量、车速等），在交通事故发生一段时间后（几十分钟或几个小时）使用无人飞机对交通事故路段进行再次侦察等。确定侦察目标后，可在无人飞机的控制平台上输入侦察目标的空间位置及侦察先后顺序，确定无人飞机的航线轨迹，无人飞机起飞后按照预设的航线飞行，在飞行的过程中机载高清摄像机对地面摄像，并通过无线传输系统，将监控视频实时传回到无人飞机控制平台，控制人员对视频进行人工直接观测或图像识别等方法，进行交通监控和信息提取。通过无人飞机飞行路径，对路段、节点进行侦察，实现交通事件检测和交通信息采集两大功能，在部署无人飞机侦察的过程中，需要解决以下问题：

给定一定数量的无人飞机和一系列侦察目标，考虑无人飞机的最大飞行距离约束、侦察目标的时间窗约束，无人飞机始于基地终于基地，每个目标仅由一架（或多架）无人飞机侦察，如何规划无人飞机的飞行路径，以满足不同的多样化交通需求？

无人飞机路径规划的目标函数和约束条件包括：

（1）目标函数

◇ 尽可能多的侦察目标；

◇ 侦察任务的总代价（距离、总行程时间或其折算值）最小；

◇ 无人飞机使用数量最少。

（2）约束条件

◇ 每个 UAV 从基地出发且最终返回基地；

◇ 对每个侦察目标至多侦察一次或重复侦察多次；

◇ 满足 UAV 的续航时间（或最大巡航距离）约束；

◇ 满足侦察目标的时间窗约束，如采集早高峰时段 [7：00，9：00] 的道路交通信息或交通事件检测，无人飞机必须在此时间段内到达侦察；

◇ 无人飞机数量的约束。

在上述目标函数、约束条件下，不同的多样化的无人飞机路径规划情景主要有四类：

① 情景 1

给定一定数量的无人飞机和侦察目标，无人飞机数量有限，如何实现以有限的无人飞机以最小的巡航距离，尽可能多地巡视侦察目标？

② 情景 2

给定一定数量的无人飞机和侦察目标，考虑侦察目标的时间窗约束，如何用最少的无人飞机实现对所有的目标的侦察，且无人飞机的巡航代价最低？

③ 情景 3

给定一定数量的无人飞机和侦察目标，考虑路段因素，无人飞机完整地侦察完每一个路段，如何实现对所有目标的侦察，且无人飞机的巡航代价最低？

④ 情景 4

给定一定数量的无人飞机和侦察目标，检测到交通事件以后，无人飞机飞赴交通事件地点，之后无人飞机继续侦察，然后每间隔一段时间，再次飞赴交通事件地点，进行交通事件地点的多次监测，如何实现对所有目标的侦察，且无人飞机的巡航代价最低？

5.1.2 问题建模

（1）情景 1 建模

情景说明：无人飞机数量有限，无法实现对所有目标的侦察，要求非巡视目标最少或者巡视目标最多，同时满足巡航成本最低。

设侦察目标集合为 $T_0=\{1, 2, \cdots, N_c\}$，含无人飞机基地“0”的目标集合为 $T=\{0, 1, 2, \cdots, N_c\}$，$N_c$ 为侦察目标的总数；侦察目标对之间的路线集为 $R=\{(i, j)|i, j\in T, i\neq j\}$，每条路线 $(i, j)\in R$ 对应的指标为路线的空间欧氏距离 d_{ij}；无人飞机的可用数量为 N_v；无人飞机的最大飞行距离为 LD_k。本情景的优化目标为：

① 巡航距离最短

$$\min\ f_1=\sum_{k=1}^{N_v}\sum_{i=0}^{N_c}\sum_{j=0,\,j\neq i}^{N_c}x_{kij}\cdot d_{ij} \tag{5-1}$$

② 巡视目标数量最多（或未巡视目标数量最少）

$$\min\ f_2=N_c-\sum_{k=1}^{N_v}\sum_{i=0}^{N_c}\sum_{j=1,\,j\neq i}^{N_c}x_{kij} \tag{5-2}$$

约束条件如下：

$$\sum_{j=1}^{N_c}x_{k0j}=1,\ \forall k=1,\ 2,\ \cdots,\ N_v \tag{5-3}$$

$$\sum_{i=1}^{N_c}x_{ki0}=1,\ \forall k=1,\ 2,\ \cdots,\ N_v \tag{5-4}$$

$$\sum_{i=0,i\neq j}^{N_c}\sum_{k=1}^{N_v}x_{kij}\leqslant 1,\ \forall j=1,\ 2,\ \cdots,\ N_c \tag{5-5}$$

$$\sum_{j=0,\,j\neq i}^{N_c}\sum_{k=1}^{N_v}x_{kij}\leqslant 1,\ \forall i=1,\ 2,\ \cdots,\ N_c \tag{5-6}$$

$$\sum_{i=0}^{N_c}\sum_{j=0,\,j\neq i}^{N_c}x_{kij}\cdot d_{ij}\leqslant LD_k,\ \forall k=1,\ 2,\ \cdots,\ N_v \tag{5-7}$$

$$\sum_{k=1}^{N_v}\sum_{j=1}^{N_c}x_{k0j}\leqslant N_v \tag{5-8}$$

决策变量为：

$$x_{kij}=\begin{cases}1，第\ k\ 架无人机经过路线\ (i,j)\\0，否则\end{cases} \tag{5-9}$$

目标函数为公式（5–1，5–2）；公式（5–1）为巡航距离最短；公式（5–2）为巡视目标数量最多；公式（5–3）至（5–8）为约束条件；公式（5–3）含义为无人飞机从基地出发；公式（5–4）含义为无人飞机返回基地；公式（5–5）含义为对任一目标而言，至多有一架无人飞机到达；公式（5–6）含义为对任一目标而言，至多有一架无人飞机离开；公式（5–7）含义为无人飞机的飞行距离不超过其最大巡航距离；公式（5–8）含义为使用的无人飞机数量不超过上限；公式（5–9）为决策变量。

（2）情景 2 建模

情景说明：侦察目标有时间窗约束，用最少的无人飞机实现对所有的目标的侦察，且无人飞机的巡航代价最低。

设侦察目标集合为 $TS_0=\{1,2,\cdots,N_c\}$，含无人飞机基地“0”的目标集合为 $TS=\{0,1,2,\cdots,N_c\}$，N_c 为侦察目标的总数；侦察目标对之间的路线集为 $R=\{(i,j)|i,j\in TS, i\neq j\}$，每条路线 $(i,j)\in R$ 对应的指标包括：路线的空间欧氏距离 d_{ij}、路线的无人飞机飞行时间 t_{ij}；对侦察目标 i 而言，其时间窗为 $[a_i,b_i]$，开始侦察时间为 T_i，无人飞机对其侦察服务时间为 s_i，无人飞机在其最早时间窗前到达而需要等待的时间为 w_i，无人飞机只能在其指定的时间窗范围内到达，既不能提前也不能推后；对无人飞机基地而言，其开始侦察时间、侦察服务时间、等待时间三项赋值为 0，即 $T_0=s_0=w_0=0$；无人飞机的可用数量为 N_v，无人飞机的最大飞行距离为 LD_k。本情景的优化目标为：

① 广义巡航距离最短

$$\min f_1=\sum_{k=1}^{N_v}\sum_{i=0}^{N_c}\sum_{j=0,j\neq i}^{N_c}x_{kij}\cdot GD_{ij} \tag{5-10}$$

② 无人飞机使用数量最少

$$\min f_2=\sum_{k=1}^{N_v}\sum_{j=1}^{N_c}x_{k0j} \tag{5-11}$$

约束条件如下：

$$\sum_{j=1}^{N_c}x_{k0j}=1,\ \sum_{i=1}^{N_c}x_{ki0}=1,\ \forall k=1,\ 2,\ \cdots,\ N_v \tag{5-12}$$

$$\sum_{i=0,i\neq j}^{N_c}\sum_{k=1}^{N_v}x_{kij}=1,\ \forall j=1,\ 2,\ \cdots,\ N_c \tag{5-13}$$

$$\sum_{j=0,j\neq i}^{N_c}\sum_{k=1}^{N_v}x_{kij}=1,\ \forall i=1,\ 2,\ \cdots,\ N_c \tag{5-14}$$

$$a_i\leqslant T_i\leqslant b_i,\ \forall i=1,\ 2,\ \cdots,\ N_c \tag{5-15}$$

$$x_{kij}=1\Rightarrow T_i+s_i+t_{ij}+w_j=T_j,\ \forall i,\ j=0,\ 1,\ 2,\ \cdots,\ N_c,\ i\neq j \tag{5-16}$$

$$w_i=\max\{0,\ a_i-T_i\},\ \forall i=1,\ 2,\ \cdots,\ N_c \tag{5-17}$$

$$\sum_{i=0}^{N_c}\sum_{j=1,j\neq i}^{N_c} x_{kij}\cdot s_j\cdot\alpha+\sum_{i=0}^{N_c}\sum_{j=1,j\neq i}^{N_c} x_{kij}\cdot w_j\cdot\beta+\sum_{i=0}^{N_c}\sum_{j=0,j\neq i}^{N_c} x_{kij}\cdot d_{ij}\leqslant LD_k,\ \forall k=1,\ 2,\ \cdots,\ N_v \tag{5-18}$$

$$\sum_{k=1}^{N_v}\sum_{j=1}^{N_c} x_{k0j}\leqslant N_v \tag{5-19}$$

决策变量为：

$$x_{kij}=\begin{cases}1，第\,k\,架无人机经过路线\,(i,j)\\0，否则\end{cases} \tag{5-20}$$

公式（5-10),（5-11）为目标函数，公式（5-12）至（5-19）为约束条件；公式（5-10）含义为广义巡航距离最短，广义巡航距离既包括无人飞机从一个目标飞到另一个目标的空间欧氏距离，也包括无人飞机在每个目标的服务时间和受时间窗约束可能存在的等待时间，其中 $GD_{ij}=\alpha\cdot s_i+d_{ij}+\beta\cdot w_j$，$s_i$ 为无人飞机在目标 i 的侦察服务时间，d_{ij} 为目标 i 到目标 j 的空间欧氏距离，w_j 为无人飞机受时间窗约束在目标 j 的等待时间，α 为无人飞机对目标侦察服务时间的距离折算系数，β 为无人飞机受时间窗约束而发生的等待时间的距离折算系数；公式（5-11）含义为无人飞机使用数量最少；公式（5-12）含义为无人飞机从基地出发，并返回基地；公式（5-13）含义为每个侦察目标仅由一架无人飞机到达；公式（5-14）含义为每个侦察目标仅由一架无人飞机离开；公式（5-15）含义为各个侦察目标的时间窗约束；公式（5-16）含义为无人飞机在路线 $R=\{(i,\ j)|i,\ j\in TS,\ i\neq j\}$ 上的时间优先顺序关系；公式（5-17）含义为无人飞机在某侦察目标上的等待时间；公式（5-18）含义为折算后的总飞行距离不超过无人飞机的最大飞行距离；公式（5-19）含义为无人飞机的数量不超过 N_v 架；公式（5-20）含义为决策变量。

（3）情景 3 建模

情景说明：考虑路段因素，无人飞机完整侦察每一个路段，即确保无人飞机从某一路段的起点飞往终点，再侦察其他路段，实现对所有目标的侦察，且无人飞机的巡航代价最低，该情景如图 5-1 所示。

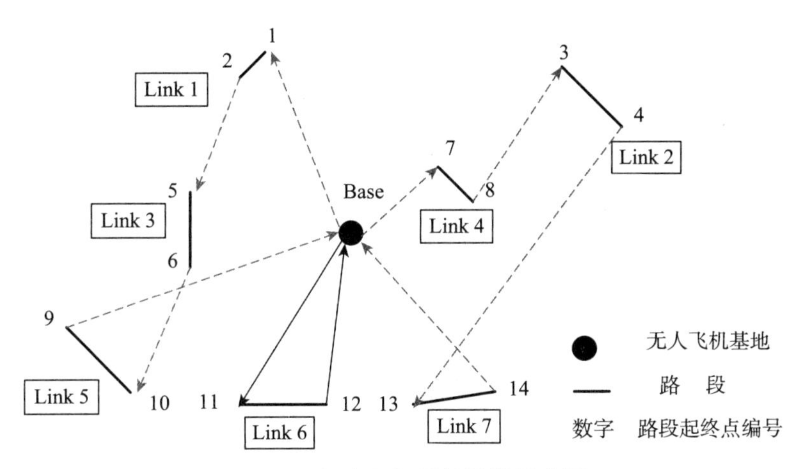

图 5-1　无人飞机巡航路段示意图

设路段集合为 $Link=\{1, 2, \cdots, N\}$，N 为路段的总数，路段两个端点分别给予不同的编号，如路段 1 的端点记为“1、2”、路段 2 的端点记为“3、4”、路段 3 的端点记为“5、6”，以此类推路段 N 的端点记为“($2N-1$)、$2N$”，记端点总数为 $M=2N$，端点集合记为：含无人飞机基地“0”的端点集合为 $Point=\{0, 1, 2, \cdots, M-1, M\}$。此时，无人飞机的 N 个路段巡航路径规划问题可转化成为无人飞机的 $2N$ 个点巡航路径规划问题，在此过程中须保证：同一路段的两个端点在无人飞机路径上相邻，即无人飞机必须完整地巡视完某一路段，如无人飞机先后巡视路段 1 和路段 3，则其飞行路径可描述为 0-1-2-5-6-0、0-1-2-6-5-0、0-2-1-5-6-0、0-2-1-6-5-0 四种形式，其中端点“1、2”“5、6”相邻而未被其他端点隔开。端点对的路线集为 $R=\{(i, j)|i, j\in Point, i\neq j\}$，每条路线 $(i,j)\in R$ 对应的距离为 d_{ij}，无人飞机的数量为 N_{UAV}，无人飞机的最大飞行距离为 LD_k。本情景的优化目标为：

① 无人飞机巡航路线最短

$$\min\ f_1=\sum_{k=1}^{N_{\mathrm{UAV}}}\sum_{i=0}^{M}\sum_{j=0,j\neq i}^{M}x_{kij}\cdot d_{ij} \tag{5-21}$$

② 使用的无人飞机数量最少

$$\min\ f_2=\sum_{k=1}^{N_{\mathrm{UAV}}}\sum_{j=1}^{M}x_{k0j} \tag{5-22}$$

约束条件：

$$\sum_{j=1}^{M}x_{k0j}=1,\ \forall k=1, 2, \cdots, N_{\mathrm{UAV}} \tag{5-23}$$

$$\sum_{i=1}^{M} x_{ki0} = 1,\ \forall k = 1,\ 2,\ \cdots,\ N_{\mathrm{UAV}} \tag{5-24}$$

$$\sum_{i=0,i\neq j}^{M} \sum_{k=1}^{N_{\mathrm{UAV}}} x_{kij} = 1,\ \forall j = 1,\ 2,\ \cdots,\ M \tag{5-25}$$

$$\sum_{j=0,j\neq i}^{M} \sum_{k=1}^{N_{\mathrm{UAV}}} x_{kij} = 1,\ \forall i = 1,\ 2,\ \cdots,\ M \tag{5-26}$$

$$\sum_{i=0}^{M} \sum_{j=0,j\neq i}^{M} x_{kij} \cdot d_{ij} \leqslant LD_k,\ \forall k = 1,\ 2,\ \cdots,\ N_{\mathrm{UAV}} \tag{5-27}$$

$$\begin{aligned} &\sum_{k=1,j=i+1}^{N_{\mathrm{UAV}}} x_{kij} = 1,\ \forall i = 1,\ 3,\ \cdots,\ 2N-1 \\ &\sum_{k=1,j=i-1}^{N_{\mathrm{UAV}}} x_{kij} = 1,\ \forall i = 2,\ 4,\ \cdots,\ 2N \end{aligned} \tag{5-28}$$

$$\sum_{k=1}^{N_{\mathrm{UAV}}} \sum_{j=1}^{M} x_{k0j} \leqslant N_{\mathrm{UAV}} \tag{5-29}$$

决策变量为：

$$x_{kij} = \begin{cases} 1，第\ k\ 架无人机经过路线\ (i,j) \\ 0，否则 \end{cases} \tag{5-30}$$

公式（5–23）含义为无人飞机从基地出发；公式（5–24）含义为无人飞机返回基地；公式（5–25）含义为每个路段的任意端点仅由一架无人飞机到达；公式（5–26）含义为每个路段的任意端点仅由一架无人飞机离开；公式（5–27）含义为总飞行距离不超过无人飞机的最大巡航距离；公式（5–28）含义为同一路段的两个端点仅在一条无人飞机路径上且相邻；公式（5–29）含义为无人飞机的数量不超过 N_{UAV} 架；公式（5–30）含义为决策变量。

（4）情景 4 建模

情景说明：交通事件检测到以后，无人飞机飞赴交通事件地点监视，之后无人飞机继续侦察，然后每间隔一段时间，返回原交通事件地点监视交通状况，实现对事件地点的多次重复侦察，最后飞回基地。

设侦察目标集合为 $TS_0 = \{1，2，\cdots，N_c\}$，$N_c$ 为侦察目标的总数。其中，无人飞机多次侦察某目标，特将该目标“虚拟”成为其他侦察目标。设无人飞机对该目标的侦察次数为 $n(n \geqslant 2)$，则“虚拟目标”的个数为 $n-1$；含这些“虚拟目标”的目标集合设

为 $TS=\{0, 1, \cdots, N_c, N_c+1, \cdots, N_c+n-1\}$，“0”表示为无人飞机的基地。侦察目标对之间的路线集为 $R=\{(i, j)|i, j\in TS, i\neq j\}$，每条路线 $(i, j)\in R$ 对应的指标包括：路线的空间欧氏距离 d_{ij}、路线的无人飞机飞行时间 t_{ij}。由于涉及对某目标的多次侦察，即存在侦察的时间先后问题，因此引入侦察目标的时间窗概念。对侦察目标 i 而言，其时间窗为 $[a_i, b_i]$，开始侦察时间为 T_i，无人飞机对其侦察服务时间为 s_i，无人飞机在其最早时间窗前到达而需要等待的时间为 w_i，无人飞机只能在其指定的时间窗范围内到达；对无人飞机基地而言，其开始侦察时间、侦察服务时间、等待时间三项赋值为 0，即 $T_0=s_0=w_0=0$；无人飞机的可用数量为 N_v，无人飞机的最大飞行距离为 LD_k。本情景的优化目标、约束条件以及决策变量均与情景 2 相同，唯一的差异就是侦察目标的数量较情景 2 有所增加，增加的“虚拟目标”的数量为 $n-1$。

5.2 优化算法设计

本研究构建的无人飞机路径规划模型考虑了多个优化目标函数，如尽可能多的侦察目标、侦察任务的总代价最小、无人飞机使用数量最少等。这类问题属于多目标优化问题。求解该类问题的传统方法包括加权法、理想点法、分层序列法等。这些方法的基本思想是把多目标问题转化为单目标问题，然后运用单目标优化技术求解。但是，当一些目标函数有噪声或者变量空间不连续，经典的多目标优化方法效果较差，且各个目标的重要程度难以把握。因此，需要构造出适合于面向多目标优化的无人飞机路径规划求解算法。

NSGA2 算法作为一种基于 Pareto 最优的多目标进化算法，无需对多个目标进行归一化处理，具有快速、多样性、均匀的优点。此外，随着侦察目标的增加，可选的无人飞机路径方案数量将急剧增长，使得普通的精确算法难以对其进行有效处理。本研究借鉴 NSGA2 算法解决多目标优化问题的思路，构造了求解无人飞机路径规划的启发式算法，流程如图 5-2 所示。

由图 5-2 可知，无人飞机路径规划问题求解算法既包括 NSGA2 算法中的快速非支配排序操作、锦标赛选择操作、精英策略操作等，也包括解决本问题所需的可行染色体生成操作、交叉操作和变异操作等，因此，针对本文提出的无人飞机路径规划四种情景，设计不同的求解算法，这些算法均包括如下操作：

① 可行初始种群生成及子路径划分；

② 种群的非支配排序；

③ 锦标赛选择；

④ 交叉；

⑤ 变异。

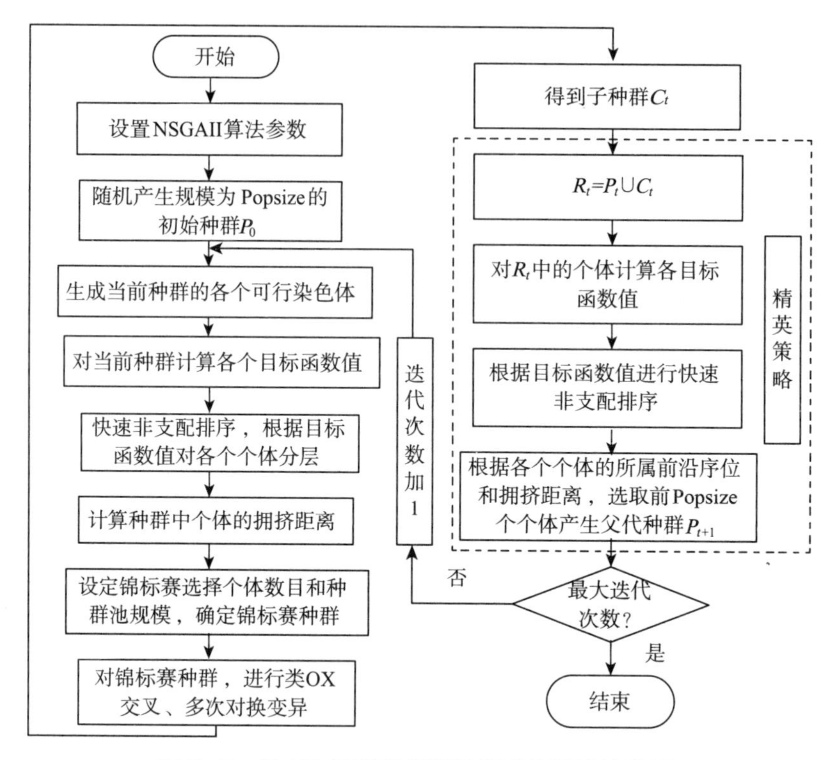

图 5-2 无人飞机路径规划问题求解算法流程图

（1）情景 1 求解算法

情景说明：无人飞机数量有限，无法实现对所有目标的侦察，要求非巡视目标最少或者巡视目标最多，同时满足巡航成本最低。

当无人飞机数量有限时，则存在所有目标和部分目标被侦察两种情形，两者求解算法的流程基本相同，其差别仅在于可行染色体的生成，本节将分别说明所有目标被侦察的可行染色体生成的方法、部分目标被侦察的可行染色体生成方法。

① 所有目标被侦察的可行染色体生成及子路径划分

种群的可行染色体的生成涉及两个内容：一是染色体的表示方法，二是约束条件的表达。本文采用目标直接排列法表示染色体，用这种解的表示方法占用计算机存储量较少，表示也较为直观，也易于产生可行解。该方法直接产生 N 个 1 到 N 之间的互不重复的自然数排列，每个自然数代表一个无人飞机侦察目标，这些目标排列就构成了一个解，并对应着一种无人飞机的路径规划方案。然后，考虑无人飞机的最大巡航距离约束，将解进行子路径划分，生成若干条可行子路径。为此，运用子路径划分方法进行可行子路径的生成，而避免了大量不可行子路径的生成，有利于加快算法的收敛速度。其算法结构如图 5-3 所示。

```
{随机产生的染色体 P=[x_1, x_2, …, x_N]，当前可行子路径数 Num=0;
While（P 非空）do
{产生满足 UAV 最大巡航距离约束的一条可行子路径 R_1;
Num=Num+1;
将染色体 P 删减为 R_2，R_2=P-R_1;
P=R_2; }
输出染色体 P 的可行子路径划分结果;
}
```

图 5-3　子路径划分算法结构图

为了更好说明子路径划分算法，设有 12 个目标的无人飞机路径规划问题，某染色体的排列形式为 4-6-8-10-7-9-12-1-3-11-2-5。首先，将目标 4 作为第一架 UAV 的第一个侦察目标，判断路径 0-4-0 的总长度能否满足 UAV 最大巡航距离，如能满足，这时将目标 6 作为第一架 UAV 的第二个侦察目标，判断路径 0-4-6-0 的总长度能否满足 UAV 最大巡航距离，如能满足，这时将目标 8 作为第一架 UAV 的第三个侦察目标，判断路径 0-4-6-8-0 的总长度能否满足 UAV 最大巡航距离，如不能满足，则符合距离约束的可行子路径为 0-4-6-0；接着，将剩余的目标集 8-10-7-9-12-1-3-11-2-5 作为初始解，重复上述方法划分可行子路径，直至所有目标划分完毕。通过上述方法，可以保证 UAV 都从基地出发并返回基地，每个目标仅由一架 UAV 到达离开，每个子路径均满足无人飞机最大巡航距离的约束，可行子路径的数量即为此染色体对应的所需无人飞机数量。如果该染色体的子路径划分结果为 0-4-6-0、0-8-10-7-9-12-1-0、0-3-11-2-5-0，则说明需要三架 UAV 执行目标侦察任务，此时可根据可行子路径计算出三架 UAV 执行任务的目标函数值，其对应的子路径划分结果如图 5-4 所示。

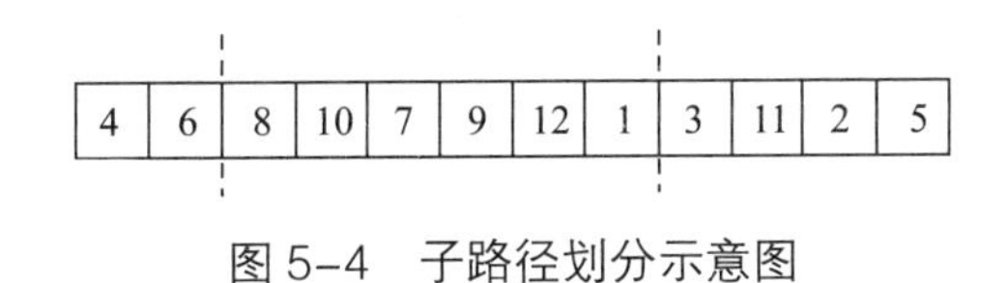

图 5-4　子路径划分示意图

② 部分目标被侦察的可行染色体生成

当无人飞机数量有限，而不能对所有目标进行侦察时，需要对第①节中生成的可行染色体进行重组，其思路为：按照第①节的方法生成了 M 条可行子路径，而无人飞机只有 n 架 ($n < M$)，那么就从 M 条可行子路径数中选择 n 条，其组合形式有 C_M^n 种，分别计

算其巡航距离、巡航目标数量目标函数值；然后依据目标函数值，对 C_M^n 种可行子路径排列组合进行非支配排序，选择排序最前的子路径组合方式，重组生成可行染色体。以第①节染色体的划分结果为例，有三条可行子路径，路径 1：0–4–6–0，路径 2：0–8–10–7–9–12–1–0，路径 3：0–3–11–2–5–0，其对应着 3 架无人飞机。当无人飞机数量有限（只有 2 架）时，其目标侦察方案有 $C_M^n=3$ 种，对应着路径 1–路径 2、路径 1–路径 3、路径 2–路径 3 三种组合方案，然后依据这三种组合的目标函数值进行非支配排序，若路径 1–路径 3 方案最优，则可行染色体重组形式为 4–6–3–11–2–5–8–10–7–9–12–1，该染色体的目标函数值仅由路径 1–路径 3 的组合方案共同决定。

③ 种群的非支配排序

种群的非支配排序流程为：比较各个个体的各目标函数值，确定各个个体之间的支配与被支配关系，从而得到各个个体的 Pareto 序位分层，本例为求最小值的情况，当某染色体对应的两个目标函数值越小，其 Pareto 序位越小，其排序越靠前；对各个个体，按照序位号升序排列；对同一个序位的个体，按照目标函数值升序排列，并计算这些个体的拥挤距离。该操作的功能为：计算个体的序位和拥挤距离两项指标，为个体选择服务。

④ 锦标赛选择

以经过非支配排序后的个体为对象，确定每次参与锦标赛的个体数量（如 2 个），则在上述个体中随机选择 2 个不同的个体进行竞赛，竞赛选择的规则为：序位最小的个体优先；序位相同时，拥挤距离最大的个体优先。通过多次锦标赛选择，选择较优个体，直至达到设定的锦标赛池规模。

⑤ 类 OX 法交叉

选择类 OX 法进行交叉操作，在两个父串 A、B 中随机选择一个匹配区域，如两个父串及匹配区域选定为 $A=1234|56|789$，$B=9876|54|321$；将 B 的匹配区域加到 A 的前端，A 的匹配区域加到 B 的前端，得到 $A'=54|123456789$，$B'=56|987654321$；将 A'、B' 中自交配区域以后依次删除与匹配区域中相同的代码，得到两个后代个体为 $A''=541236789$，$B''=569874321$，其交换流程如图 5–5 所示。

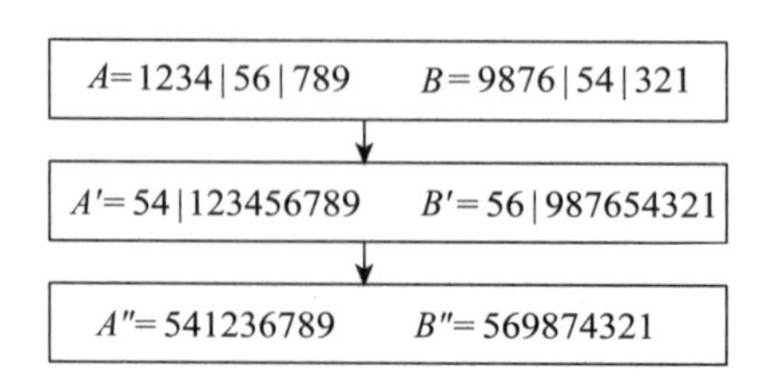

图 5–5　类 OX 法交叉示意图

该方法通过删除交叉后重复出现的代码，对交叉操作进行适当的修正，避免了简单的一点或多点交叉算子导致的非法路径方案，使其满足无人飞机路径规划问题中的约束条件。

⑥ 多次对换变异

采用对换进行变异操作，即随机选择个体中的两个变异点，交换变异点处的代码。设个体 $A=123456789$，随机产生的对换点位为第 2 位和第 8 位，则实施对换变异后的个体 $A'=183456729$。一旦发生变异操作，则对需要变异的个体进行 K 次变异，在此过程中，对换点位为随机产生。通过上述的多次对换变异，变动个体的某些基因值，可增强算法的局部随机搜索能力，同时也有利于保持种群的多样性。

（2）情景 2 求解算法

情景说明：用最少的无人飞机实现对所有的目标的侦察，且无人飞机的巡航代价最低。

情景 2 在情景 1 的基础上，引入了“时间窗（Window Time）”的概念，以适应无人飞机交通信息采集、交通事件检测的侦察需求。例如，需要侦察区域内各道路早高峰时段 7:00 到 9:00 的道路交通运行情况，那么 7:00 是开始时间窗，9:00 是结束时间窗，无人飞机必须在 7:00 到 9:00 时段内飞赴路段上空进行侦察，而在其他时段，如 0:00–7:00 和 9:00–24:00，则无须执行侦察任务。又如，某路段在 9:00 发生交通事件并被检测到，要求无人飞机立即飞往事件路段，进行事件现场确认，然后每间隔 1 h，要求无人飞机在 10:00、11:00 再次飞赴事件路段重复侦察，评估事件的影响。

情景 2 与情景 1 相比，在种群的非支配排序、锦标赛选择、交叉、变异操作上完全相同，但在可行初始种群生成及子路径划分上有显著差异。

① 可行初始种群生成

无人飞机路径规划的初始种群生成涉及两个方面：一是路径的染色体表示方法，二是受无人飞机最大巡航距离及时间窗约束的可行子路径的生成。采用目标直接排列法表示染色体，该方法直接产生 N 个 1 到 N 之间的互不重复的自然数排列，每个自然数代表一个无人飞机侦察目标，这些目标排列就构成了一个解，并对应着一种无人飞机的路径规划方案。

② 子路径划分

考虑无人飞机的最大巡航距离、时间窗约束，将解进行子路径划分，生成若干条可行子路径。为此，提出了子路径划分方法进行可行子路径的生成，避免了大量不可行子路径的生成，其算法结构如图 5–6 所示。

```
{随机产生的染色体 P=[x1, x2, …, xN], 当前可行子路径数 Num=0;
While（P 非空）do
{产生满足 UAV 最大巡航距离约束的一条可行子路径 R1;
在 R1 的基础上，产生满足 R1 中各目标时间窗约束的一条可行子路径 R2;
Num=Num+1;
将染色体 P 删减为 R3, R3=P−R2;
P=R3; }
输出染色体 P 的可行子路径划分结果;
}
```

图 5-6　子路径划分算法结构图

为了更好说明子路径划分算法，设有 12 个目标的无人飞机路径规划问题，某染色体的排列为 4–6–8–10–7–9–12–1–3–11–2–5。首先，将目标 4 作为第一架 UAV 的第一个侦察目标，判断路径 0–4–0 的总长度能否满足 UAV 最大巡航距离，如能满足，这时将目标 6 作为第一架 UAV 的第二个侦察目标，判断路径 0–4–6–0 的总长度能否满足 UAV 最大巡航距离，如能满足，这时将目标 8 作为第一架 UAV 的第三个侦察目标，判断路径 0–4–6–8–0 的总长度能否满足 UAV 最大巡航距离，如不能满足，则符合距离约束的可行子路径为 0–4–6–0；然后，对路径 0–4–6–0 进行时间窗约束判别，将目标 4 作为第一架 UAV 的第一个侦察目标，判断 UAV 从基地出发到达目标 4 的时间是否晚于其时间窗的结束时刻，如果不是，则路径 0–4–0 满足时间窗约束，这时将目标 6 作为第一架 UAV 的第二个侦察目标，判断 UAV 从目标 4 到达目标 6 的时间是否晚于目标 6 时间窗的结束时刻（UAV 耗费的时间包括对目标 4 的侦察服务时间以及从目标 4 到目标 6 的飞行时间），如果是，则既符合距离约束又满足时间窗约束的可行子路径为 0–4–0；接着，将剩余的目标集 6–8–10–7–9–12–1–3–11–2–5 作为初始解，重复上述方法划分可行子路径，直至所有目标划分完毕。通过上述方法，可以保证 UAV 都从基地出发并返回基地，每个目标仅由一架 UAV 到达离开，每个子路径均满足距离和时间窗的约束，可行子路径的数量即为此染色体对应的所需无人飞机数量。如果该染色体的子路径划分结果为 0–4–0、0–6–8–10–7–9–12–1–0、0–3–11–2–5–0，则说明需要三架 UAV 执行目标侦察任务，此时可根据可行子路径计算出三架 UAV 执行任务的目标函数值代价，其对应的子路径划分结果如图 5–7 所示。

图 5–7　子路径划分示意图

（3）情景3求解算法

情景说明：考虑路段因素，无人飞机完整侦察每一个路段，即确保无人飞机从某一路段的起点飞往终点，再侦察其他路段，实现对所有目标的侦察，且无人飞机的巡航代价最低。

情景3与情景1相比，在种群的非支配排序、锦标赛选择操作上完全相同，但在可行初始种群生成及子路径划分、交叉、变异上有显著差异。

① 可行初始种群生成及子路径划分

无人飞机路径规划的初始种群生成涉及两个方面：一是路径的染色体表示方法，二是受无人飞机最大巡航距离约束的可行子路径的生成。采用目标直接排列法表示染色体，本情景中有 N 条路段，对应着 $2N$ 个路段端点，直接产生 $2N$ 个1到 $2N$ 之间的互不重复的自然数排列，每个自然数代表一个路段端点的编号，且同一路段的两个端点必须相邻，这些目标排列就构成了一个解，并对应着一种无人飞机的路径规划方案。

初始种群的生成方法为：随机生成偶数 $2N$ 以内的所有奇数，且奇数随机排列，该排列作为无人飞机经过的路段起点集，记为 *Start*；将 *Start* 内的所有元素加1，作为无人飞机经过的路段终点集，记为 *End*；“0”代表无人飞机的基地。假设起点序号集为 $Start=\{5,3,1,\cdots,2N-1\}$，终点序号集为 $End=\{6,4,2,\cdots,2N\}$。为保证UAV完整地巡视完一条路段，UAV飞行路线中一个路段的两个端点必须相邻，即集合 *Start*、*End* 中相同位置的元素（奇数和偶数）必须相邻，UAV初始飞行路线生成的算法结构如图5-8所示。

$\{R_{\text{selected}}=Start$

For $i=1:1:N$

$\{S_1=[];S_2=[];$

在 R_{selected} 中，将个体 $End(i)$ 插入集合 *Start* 中个体 $End(i)-1$ 的前面，得到新集合 S_1，该集合对应一条无人飞机的飞行路线 $R_1=\{0,S_1,0\}$；

在 R_{selected} 中，将个体 $End(i)$ 插入集合 *Start* 中个体 $End(i)-1$ 的后面，得到新集合 S_2，该集合对应一条无人飞机的飞行路线 $R_2=\{0,S_2,0\}$；

比较无人飞机飞行路线 R_1、R_2 的长度，若 R_1 长度最短，则令 $R_{\text{selected}}=S_1$，若 R_2 长度最短，则令 $R_{\text{selected}}=S_2;\}$

End

输出无人飞机的可行飞行路线 $\{0,R_{\text{selected}},0\}$。

}

图5-8 初始种群生成方法

如有 2 个路段，起点集 $Start=\{3,1\}$，终点集 $End=\{4,2\}$。首先，将 4 插入 3 的前面和后面，分别得到 {4，3，1}、{3，4，1}，如 UAV 路线 {0，4，3，1，0} 较 {0，3，4，1，0} 短，则将 4 插到 3 的前面，$R_{selected}=\{4,3,1\}$；然后，将 2 插入 1 的前面和后面，分别得到 {4，3，2，1}、{4，3，1，2}，如 UAV 路线 {0，4，3，2，1，0} 较 {0，4，3，1，2，0} 短，则 UAV 可行飞行路线为 {0，4，3，2，1，0}。

为了更好说明子路径划分算法，设有 5 个路段、10 个端点的无人飞机路径规划问题，某染色体的排列为 3–4–8–7–10–9–1–2–6–5，如前所述，3–4 代表路段 2，8–7 代表路段 4，10–9 代表路段 5，1–2 代表路段 1，6–5 代表路段 3。首先，将路段 2 作为第一架 UAV 的第一个侦察目标，判断路径 0–3–4–0 的总长度能否满足 UAV 最大巡航距离，如能满足，这时将路段 4 作为第一架 UAV 的第二个侦察路段，判断路径 0–3–4–8–7–0 的总长度能否满足 UAV 最大巡航距离，如能满足，这时将路段 5 作为第一架 UAV 的第三个侦察路段，判断路径 0–3–4–8–7–10–9–0 的总长度能否满足 UAV 最大巡航距离，如不能满足，则符合距离约束的可行子路径为 0–3–4–8–7–0。接着，将剩余的端点集 10–9–1–2–6–5 作为初始解，重复上述方法划分可行子路径，直至所有目标划分完毕。通过上述方法，可以保证 UAV 都从基地出发并返回基地，每个目标仅由一架 UAV 到达离开，每个子路径均满足距离约束，每个路段仅由一架无人飞机巡视，可行子路径的数量即为此染色体对应的所需无人飞机数量。如果该染色体的子路径划分结果为 0–3–4–8–7–0、0–10–9–1–2–0、0–6–5–0，则说明需要三架 UAV 执行目标侦察任务，无人飞机 1 侦察路段 2、4，无人飞机 2 侦察路段 5、1，无人飞机 3 侦察路段 3，此时可根据可行子路径计算出三架 UAV 执行任务的目标函数值代价，其对应的子路径划分结果如图 5–9 所示。

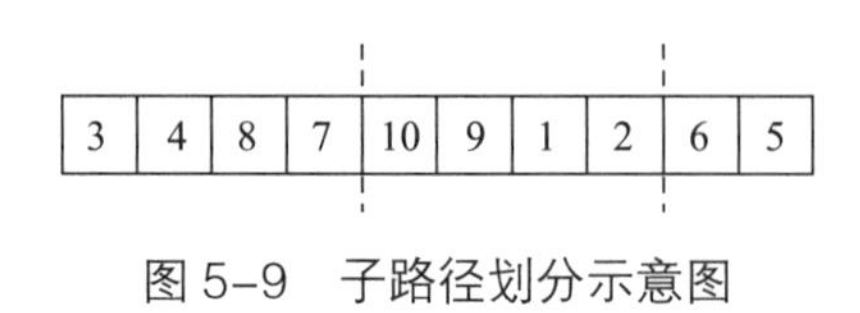

图 5–9　子路径划分示意图

② 交叉操作

在两个父串中随机选择一个匹配区域，该区域不能将同一个路段的两个端点隔开，即同一路段的两个端点必须紧邻且在同一交叉部分，如两个父串及匹配区域选定为 A=12|3456|78，B=56|8721|43；将 B 的匹配区域加到 A 的前端，A 的匹配区域加到 B 的前端，得到 A'=8721|12345678，B'=3456|56872143；将 A'、B' 中自交配区域以后依次删除与匹配区域中相同的代码，得到两个后代个体为 A''=87213456，B''=34568721，其交换流程如图 5–10 所示。

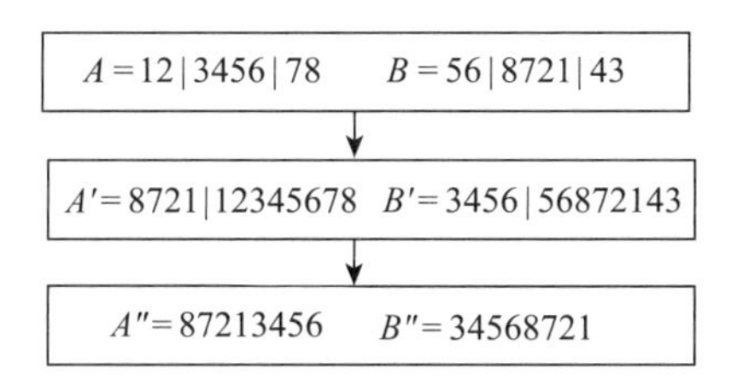

图 5-10 交叉算子示意图

该方法通过删除交叉后重复出现的代码，对交叉操作进行适当的修正，避免了简单的一点或多点交叉算子导致的非法路径方案，且同一路段的两个端点相邻，使其满足无人飞机路径规划问题中的约束条件。

③ 逆转变异操作

采用逆转进行变异操作，即选择个体中的两个变异点，两个变异点在染色体的位置编号分别为奇数和偶数，且偶数大于奇数，以此保证经过变异后的同一路段的两个端点相邻，即无人飞机完整巡视一个路段，再将这两点内的子串反序插入到原来的位置中。设个体 A=12345678，产生的对换点位为第 3 位和第 6 位，则实施对换变异后的个体 A'=12654378。在此过程中，变异点位为随机产生。通过上述逆转变异，变动个体的某些基因值，可增强算法的局部随机搜索能力，同时也有利于保持种群的多样性。

（4）情景 4 求解算法

情景说明：交通事件检测到以后，无人飞机飞赴交通事件地点监视，之后无人飞机继续侦察，然后每间隔一段时间，返回原交通事件地点监视交通状况，实现对事件地点的多次重复侦察，最后飞回基地。

本情景的求解算法与情景 2 的求解算法完全相同，其求解流程为：

① 生成无人飞机的初始飞行路径种群，该种群个体采用侦察目标直接排序；

② 生成满足无人飞机最大飞行距离和时间窗约束的可行子路径；

③ 比较种群个体的支配关系；

④ 生成锦标赛种群，扩大种群规模；

⑤ 类 OX 交叉操作；

⑥ 多次对换变异；

⑦ 对扩大后的种群进行 Pareto 排序，将种群规模缩减至初始规模；

⑧ 迭代返回直至达到最大迭代次数。

5.3 案例分析

5.3.1 情景 1 路径规划

某区域有 20 个路段需要无人飞机侦察，其分布在一个边长为 20 km 的正方形地域内，各目标和无人飞机基地及其编号分布如图 5-11 所示，无人飞机的最大巡航距离均为 50 km，巡航速度为 20 km/h，基地有 2 架无人飞机。

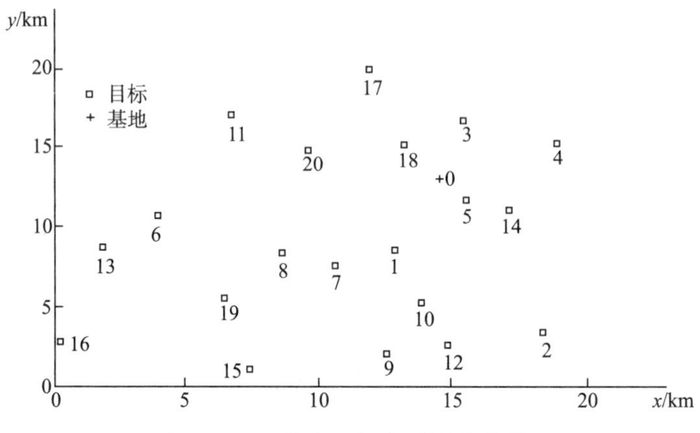

图 5-11　侦察目标和基地分布图

在 MATLAB 平台中编程实现案例的优化分析，相关参数设置如下：无人飞机的路线种群规模为 100 条，锦标赛规模为 50 个，锦标赛参与选择的个体为 2 个，循环迭代次数为 300 次，交叉率为 0.8，变异概率为 0.1，多次对换变异的交换次数为 5。随机求解 20 次，无人飞机路径规划问题的 Pareto 最优解如图 5-12 所示，其中正方形表示规模为 100 个的初始路线种群对应的目标函数值，十字架代表 20 次求解的目标函数值，由图可知，随着迭代的进行，该问题的解逐步向 Pareto 前沿靠近，数字标识的个体为 Pareto 前沿的 4 个个体，各前沿个体对应的子路径如图 5-13 所示。

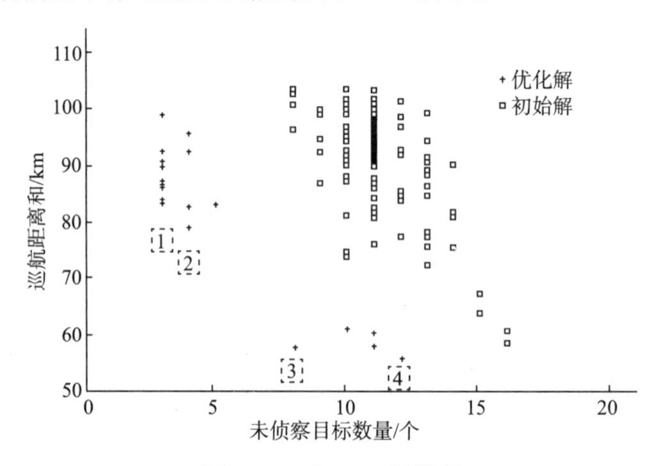

图 5-12　Pareto 最优解

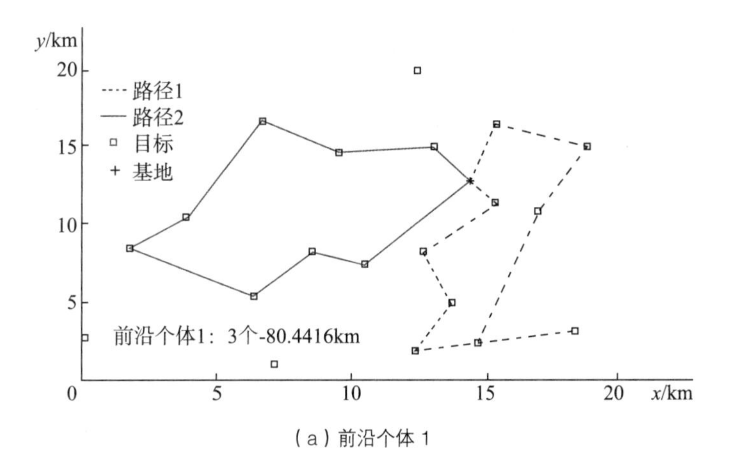

（a）前沿个体 1

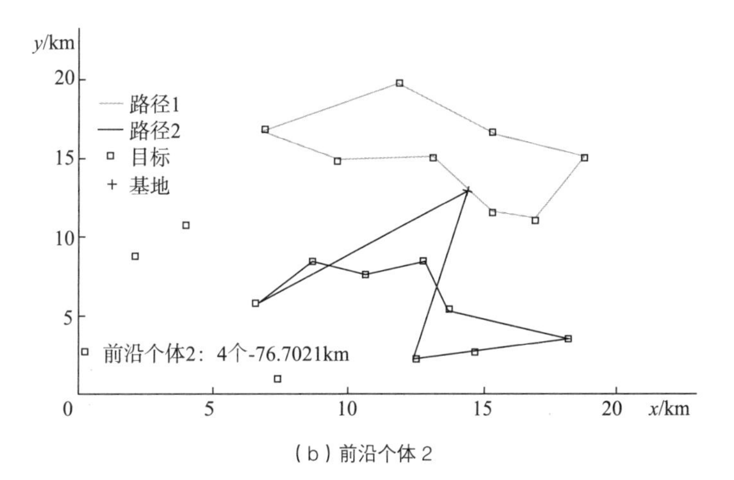

（b）前沿个体 2

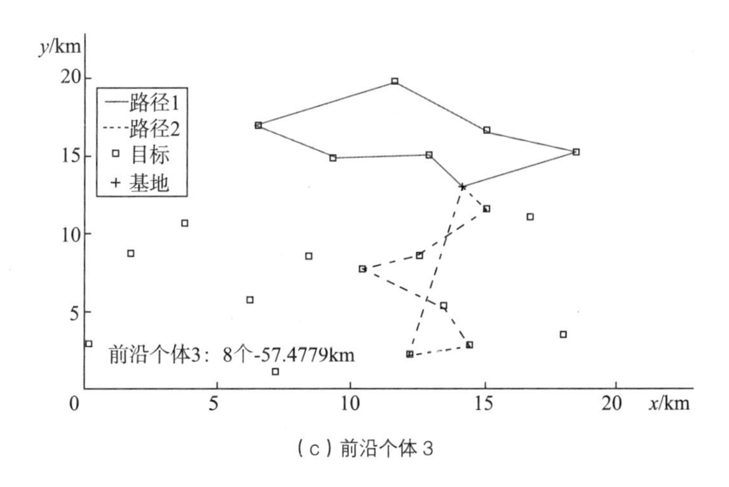

（c）前沿个体 3

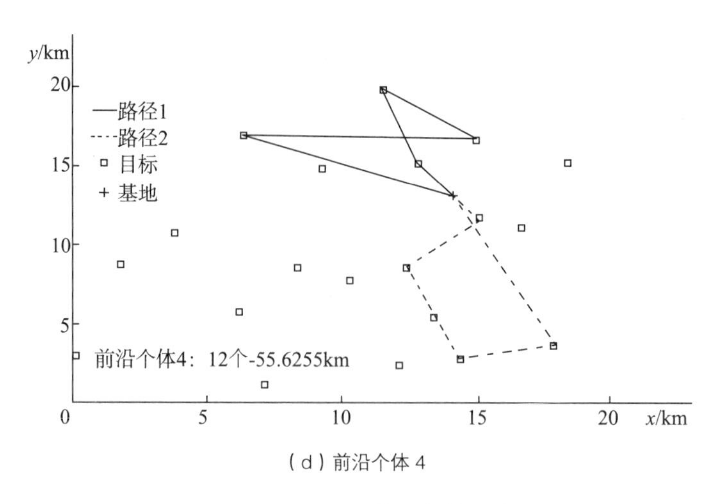

（d）前沿个体 4

图 5-13　Pareto 前沿个体子路径

由图 5-13 可知，随着巡航距离的增加，未侦察目标数量逐步降低，当巡航距离达到 80.4416 km 时，未侦察的目标数量仅为 3 个；与之对应的是，随着巡航距离的减少，未侦察目标数量逐步增加，当巡航距离为 55.6255 km 时，未侦察的目标数量则达到了 12 个。也就是说，巡航距离的减少需要以未侦察的目标数量增加为代价，因此，在本情景中需要根据目标倾向性选择规划的路径，当倾向于尽可能多的侦察目标时，则可选择前沿个体 1 的路径规划方案，此时无人飞机 1（UAV1）的路径为 0–5–1–10–9–2–12–14–4–3–0，无人飞机 2（UAV2）的路径为 0–7–8–19–13–6–11–20–18–0，其航程利用率分别为 86.26% 和 74.62%，此时的最优解与初始路线种群的最优解的比较分析如表 5–1 所示，其中，总巡航距离减少了 13.07%，巡航目标数量增加了 41.67%。

表 5–1　前沿个体 1 初始最优解与优化最优解的对比分析

解的比较	巡航距离（km）			巡视目标数量（个）		
	UAV1	UAV2	合计	UAV1	UAV2	合计
初始最优解	46.769	45.7636	92.5326	5	7	12
最优解	43.1296	37.3121	80.4417	9	8	17
变化幅度	−7.78%	−18.47%	−13.07%	+80.00%	+14.29%	+41.67%

5.3.2　情景 2 路径规划

无人飞机基地和 20 个侦察目标分布同情景 1，基地有 5 架无人飞机，无人飞机的最大飞行距离和巡航速度分别为 50 km、20 km/h，目标的坐标和时间窗约束如表 5–2 所示；线目标有 15 个，面目标有 5 个，无人飞机对其侦察服务时间分别为 0.1 h 和 0.15 h。无人飞机在飞行、侦察目标、等待时的代价均用飞行距离表示，并将侦察服务时间的距离折算系数取值为每小时 20 km，等待时间的距离折算系数取值为每小时 5 km。

为更好探究时间窗因素对无人飞机路径规划的影响，在本例中特设置三种时间窗情景：（1）无时间窗约束；（2）宽时间窗约束，时间窗数据如表 5–2 所示；（3）窄时间窗约束，该时间窗的起点时刻与（2）相同，但时间窗的宽度仅为（2）的三分之一。

表 5–2　侦察目标属性表

目标	1	2	3	4	5	6	7	8	9	10
时间窗开始（h）	4.7	1.5	4.7	5.1	3.7	6.7	7.9	0.6	2.6	2.5
时间窗结束（h）	10.5	6.0	10.2	9.5	8.9	12.3	12.9	5.7	6.8	8.1
服务时间（h）	0.1	0.1	0.1	0.15	0.10	0.15	0.10	0.10	0.10	0.10
目标	**11**	**12**	**13**	**14**	**15**	**16**	**17**	**18**	**19**	**20**
时间窗开始（h）	4.1	3.4	0.0	5.3	2.1	6.8	7.7	6.0	5.4	5.8
时间窗结束（h）	10.1	8.1	6.0	10.3	6.3	12.0	13.4	10.4	9.6	11.7
服务时间（h）	0.10	0.15	0.10	0.10	0.10	0.10	0.10	0.10	0.15	0.15

在 MATLAB 平台中编程实现案例的优化分析，相关参数设置如下：无人飞机的路线种群规模为 100 条，锦标赛规模为 50 个，锦标赛参与选择的个体为 2 个，循环迭代次数为 300，交叉率为 0.8，变异概率为 0.1，多次对换变异的交换次数为 5。随机求解 20 次，无人飞机路径规划问题的 Pareto 最优解如图 5–14 所示，其中正方形表示规模为 100 个的初始路线种群对应的目标函数值，十字架代表 20 次求解的目标函数值。

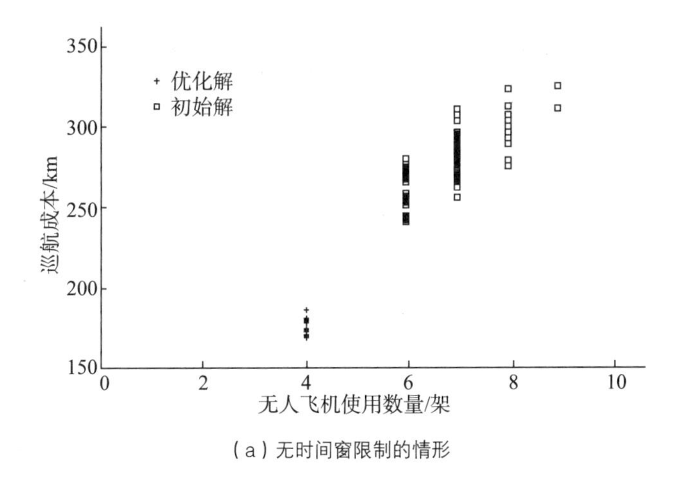

（a）无时间窗限制的情形

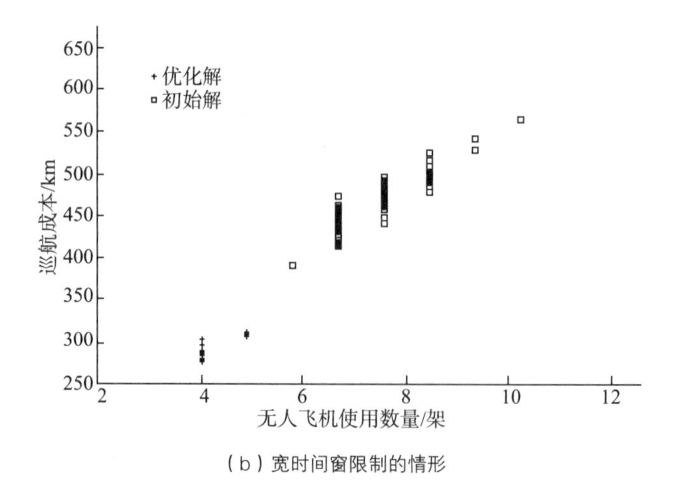

（b）宽时间窗限制的情形

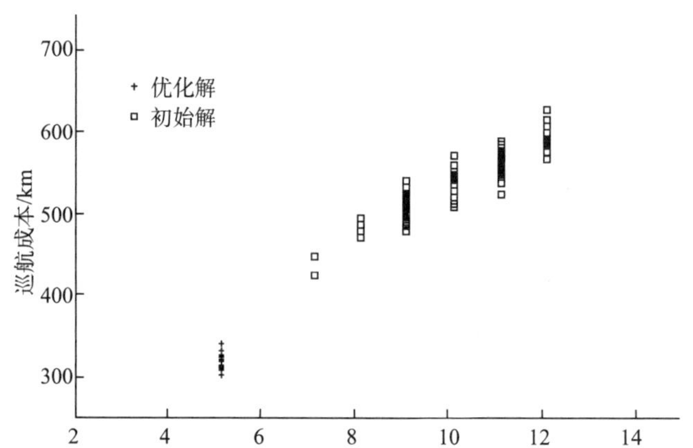

（c）窄时间窗限制的情形

图 5-14　不同时间窗条件下的 Pareto 解收敛图

对应于图 5-14 中的 Pareto 最优解，三种时间窗情形的最优无人飞机巡航路径如图 5-15 所示，每种时间窗情景的 Pareto 最优解迭代收敛情况如图 5-16 所示。

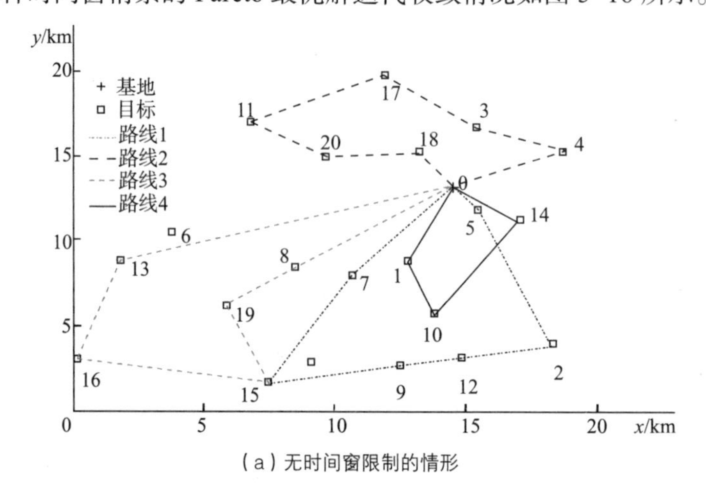

（a）无时间窗限制的情形

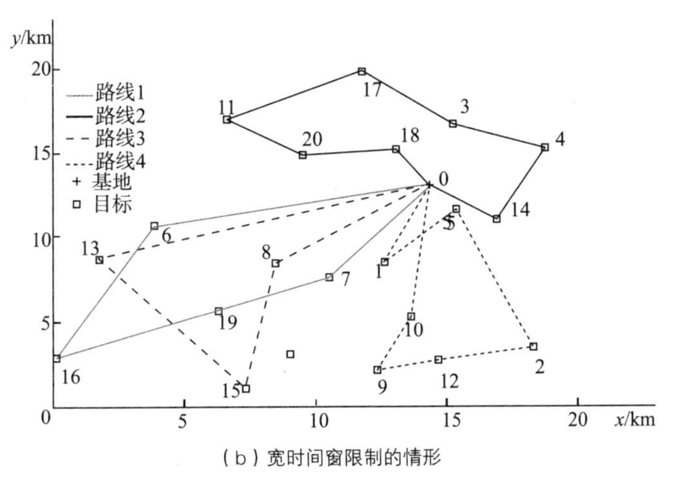

（b）宽时间窗限制的情形

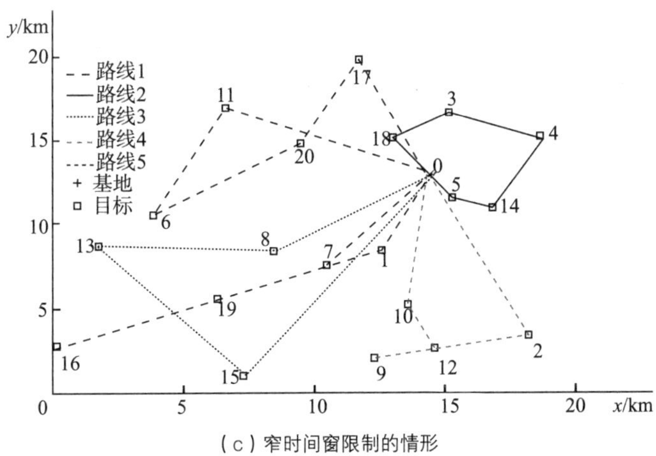

（c）窄时间窗限制的情形

图 5-15 三种时间窗条件下的最优无人飞机巡航路线

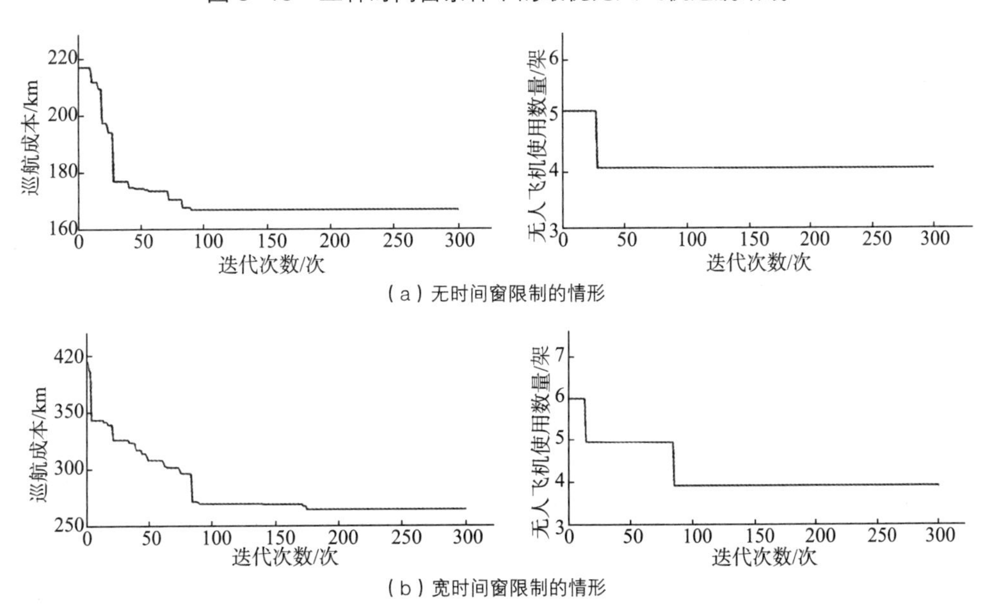

（a）无时间窗限制的情形

（b）宽时间窗限制的情形

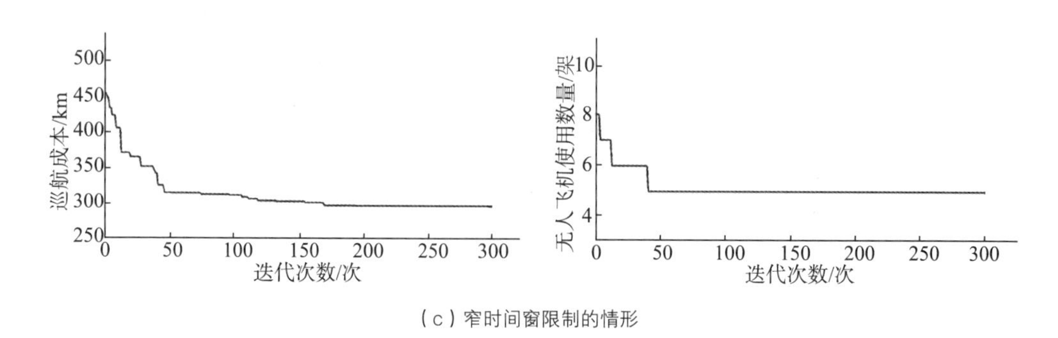

（c）窄时间窗限制的情形

图 5–16　不同时间窗条件下 Pareto 个体迭代收敛图

由图 5–15、5–16 可知，无时间窗情形的最优巡航成本、无人飞机使用数量分别为 165.5915 km、4 架；宽时间窗情形的最优巡航成本、无人飞机使用数量分别为 268.4920 km、4 架；窄时间窗情形的最优巡航成本、无人飞机使用数量分别为 300.9745 km、5 架。且经过迭代以后，三种时间窗情形的两个目标函数值都在逐步减小，初始解和最优解的比较情况如表 5–3 所示。

表 5–3　不同时间窗条件下的初始解和最优解的比较

时间窗情形		巡航成本均值（km）	无人飞机使用数量均值（架）	最优巡航成本（km）	最优无人飞机使用数量（架）
无时间窗	初始解	283.7802	7.02	240.2357	6
	最优解	172.5753	4	165.5915	4
	变化幅度	−39.19%	−43.02%	−31.07%	−33.33%
宽时间窗	初始解	483.2165	7.84	398.7154	6
	最优解	289.3628	4.35	268.4920	4
	变化幅度	−40.12%	−44.52%	−32.66%	−33.33%
窄时间窗	初始解	538.9832	10.05	423.9024	7
	最优解	319.8079	5	300.9745	5
	变化幅度	−40.66%	−50.25%	−29.00%	−28.57%

由表 5–3 可知，最优巡航成本和最优无人飞机使用数量在无时间窗、宽时间窗、窄时间窗的情形下，较最优初始解分别平均下降了 31.07%、33.33%，32.66%、33.33%，29%、28.57%。三种情形下的平均最优巡航成本和最优无人飞机使用数量较初始值平均下降了 30.93%、31.74%。

此外，求解算法的交叉率、变异率以及变异交换次数等参数会对无人飞机飞行线路的优化结果产生影响，因此，选择宽时间窗的情形，进行这些参数的敏感性分析，其他参数的设置保持不变。这些参数的敏感性分析结果如表 5–4、5–5 所示。

表 5–4　宽时间窗情形的交叉、变异率敏感性分析

pm	pc				
	0.60	**0.70**	**0.80**	**0.90**	**1.00**
0.06	299.86,4.67	299.58,4.83	293.08,4.50	281.71,4.33	288.10,4.33
0.07	299.40,4.83	289.32,4.33	286.08,4.17	283.08,4.17	281.34,4.17
0.08	301.05,4.83	287.26,4.17	288.65,4.67	297.41,4.67	279.18,4.17
0.09	287.69,4.17	297.11,4.50	285.47,4.33	290.56,4.33	291.88,4.33
0.10	297.09,4.50	295.20,4.50	284.00,4.17	290.96,4.50	289.38,4.33

注：pc 为交叉率；pm 为变异率；对每一交叉率、变异率组合求解 6 次，方框内的数值分别为巡航成本均值（km）和无人飞机使用数量均值（架）。

表 5–5　宽时间窗情形的变异交换次数敏感性分析

变异交换次数	1	3	5	7	9
巡航成本均值（km）	276.85	284.59	290.54	296.31	291.40
无人飞机使用数量均值（架）	4.00	4.33	4.33	4.50	4.50

注：对每一种变异交换次数情形仿真求解 6 次，方框内的数值为求解均值。

由表 5–4 可知，随着交叉率的增大，解的质量总体上在提高，当交叉率大于 0.8 时，解的波动幅度变化较为明显；随着变异率的增大，解的质量改善情况不明显，这可能是由于算法的随机性造成的。由 5–5 表可知，随着变异交换次数的增大，解的质量总体上在变坏，其原因为多次变异交换会造成个体染色体的基因结构被破坏，造成解的劣化。此例中，交叉率不大于 0.8、变异交换次数不大于 3 可作为宽时间窗情形优化的参数选择范围。

5.3.3　情景 3 路径规划

以 8 条未安装交通检测器的稀疏道路路段为侦察路段，路段的位置和空间分布如图 5–17 所示，图中十字架代表无人飞机基地，8 条线段代表 8 个路段，正方形代表路段的起终点，数字代表不同路段的起终点编号。使用最大巡航距离为 40 km 的无人飞机进行路段巡航，以实现用最小的巡航

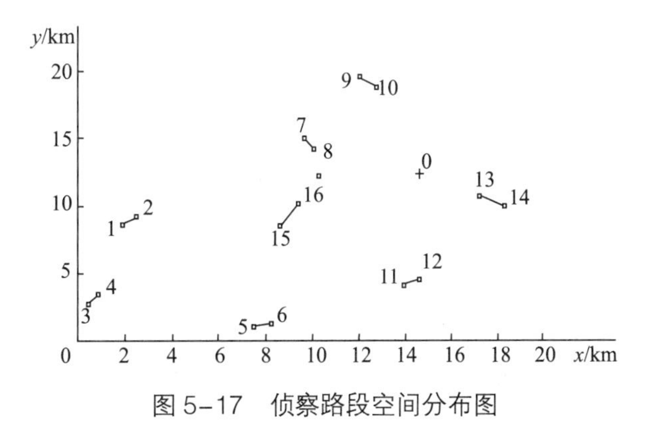

图 5–17　侦察路段空间分布图

成本、最少的无人飞机实现对所有路段的侦察。

在 MATLAB 平台中优化上述无人飞机路径问题，相关参数设置如下：无人飞机的路线种群规模为 100 条；优化目标个数为 2；循环迭代次数为 300；交叉率为 0.8；变异概率为 0.1；锦标赛规模为 50 个，锦标赛参与选择的个体为 2 个。为避免算法随机性对结果的影响，将优化过程重复 20 次，解的收敛情况如图 5-18 所示，在本例中，20 次的优化结果均相同，所以优化解（用十字架表示）只有一个，最佳无人飞机巡航路线如图 5-19 所示。

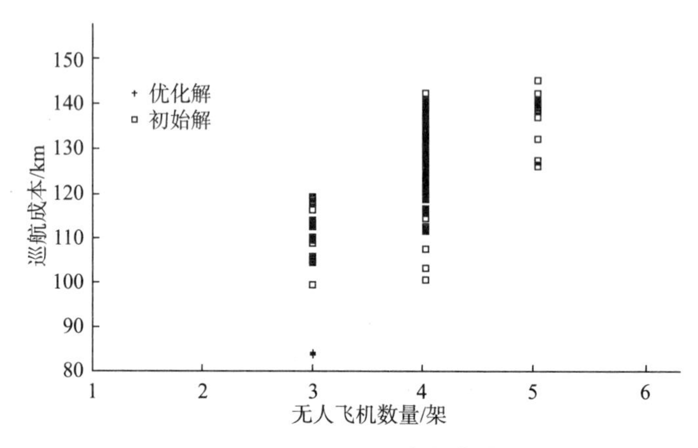

图 5-18　Pareto 最优解收敛图

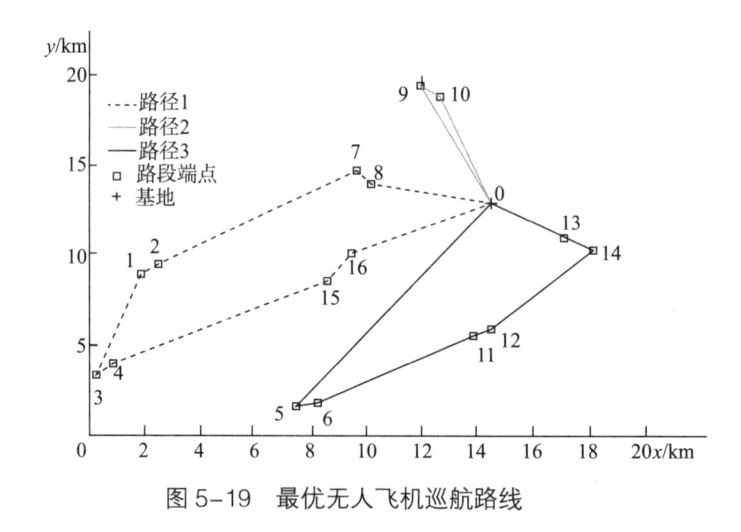

图 5-19　最优无人飞机巡航路线

由图 5-19 可知，实现对 8 条路段的巡航任务，需要 3 架次的无人飞机进行侦察。第 1 架次的无人飞机巡航路线为 0-16-15-4-3-1-2-7-8-0；第 2 架次的无人飞机巡航路线为 0-9-10-0；第 3 架次的无人飞机巡航路线为 0-5-6-11-12-14-13-0。三条路线的巡航距离分别为 39.2799 km、14.6867 km 和 32.9937 km，巡航距离和使用的无人飞机数量两个目标函数值收敛情况如图 5-20、5-21 所示。

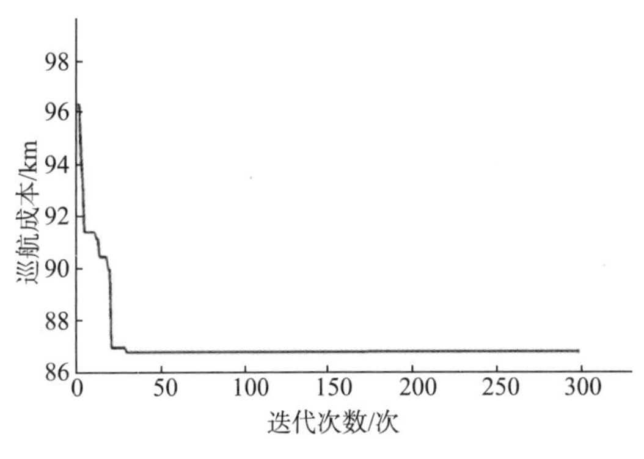

图 5-20　巡航距离收敛情况图

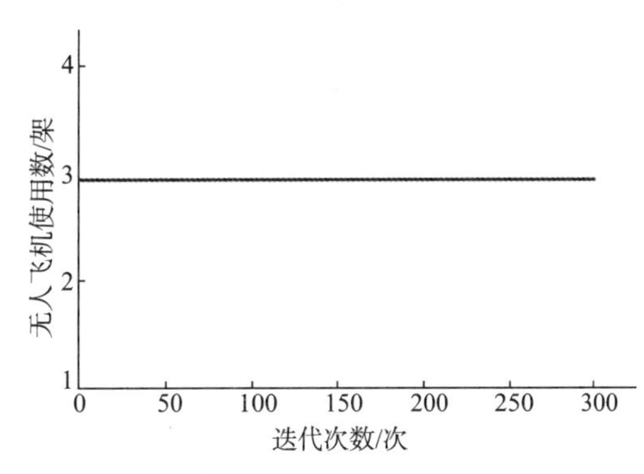

图 5-21　使用的无人飞机数量收敛情况图

无人飞机路径规划的目标函数值优化情况如表 5-6 所示，由表可知，经过优化以后，除了最优的使用无人飞机数量为 3 架之外，无人飞机的巡航距离得到较为明显的改善，巡航距离均值和最优巡航距离分别下降了 30.15%、13.74%。

表 5-6　无人飞机路径规划优化情况

解的比较	巡航距离均值（km）	使用的无人飞机数量均值（架）	最优巡航距离（km）	最优的使用无人飞机数量（架）
初始最优解	124.4940	4	100.8117	3
优化最优解	86.9602	3	86.9602	3
变化幅度	−30.15%	−25.00%	−13.74%	0.00%

5.3.4　情景 4 路径规划

某区域有 20 个路段需要无人飞机侦察，各目标和无人飞机基地及其编号分布同情景 1 的图 5-11，无人飞机的最大巡航距离均为 50 km，巡航速度为 20 km/h。由于涉及目标的重复侦察，特引入侦察目标的时间窗（起止时间用 24 h 制表示）和服务时间，如表 5-7 所示。无人飞机侦察服务时间的距离折算系数为 20 km/h，等待时间的距离折算系数取值设为 15 km/h，假设目标 13 发生交通事件，无人飞机需要 4 次飞赴交通事件地点进行交通监控，即：使无人飞机分别要在时间窗 [10，11]、[12，13]、[14，15]、[16，17] 四次侦察目标 13，目标 13 可虚拟为“13”“21”“22”“23”。由于无人飞机要在第一时间赶到交通事件地点 13，因此，需将其时间窗的起止时间设置为最早 [10，11]。

表 5-7　侦察目标的时间窗和服务时间（单位：h）

目标	1	2	3	4	5	6	7	8	9	10
开始时间	14.7	11.5	14.7	15.1	13.7	16.7	17.9	10.6	12.6	12.5
结束时间	15.7	12.5	15.7	16.1	14.7	17.7	18.9	11.6	13.6	13.5

续 表

目标	1	2	3	4	5	6	7	8	9	10
服务时间	0.1	0.1	0.1	0.15	0.1	0.15	0.1	0.1	0.1	0.1
目标	**11**	**12**	**13**	**14**	**15**	**16**	**17**	**18**	**19**	**20**
开始时间	14.1	13.4	10	15.3	12.1	16.8	17.7	16	15.4	15.8
结束时间	15.1	14.4	11	16.3	13.1	17.8	18.7	17	16.4	16.8
服务时间	0.1	0.15	0.1	0.1	0.1	0.1	0.1	0.1	0.15	0.15

在 MATLAB 平台中优化上述无人飞机路径问题，相关参数设置如下：无人飞机的路线种群规模为 100 条；优化目标个数为 2；循环迭代次数为 300；交叉率为 0.8；变异概率为 0.1；多次对换变异的交换次数为 5，锦标赛规模为 50 个，锦标赛参与选择的个体为 2 个。为避免算法随机性对结果的影响，将优化过程重复 20 次。不同侦察次数的无人飞机最优飞行路径如图 5-22 所示，其对应的最优解迭代收敛情况如图 5-23 所示。

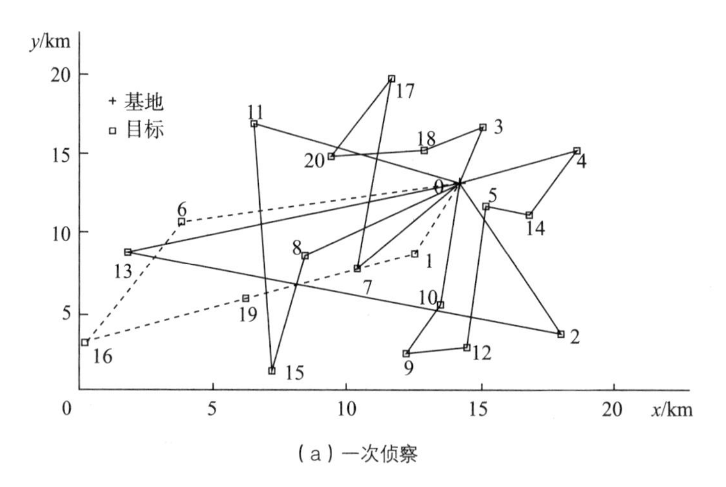

（a）一次侦察

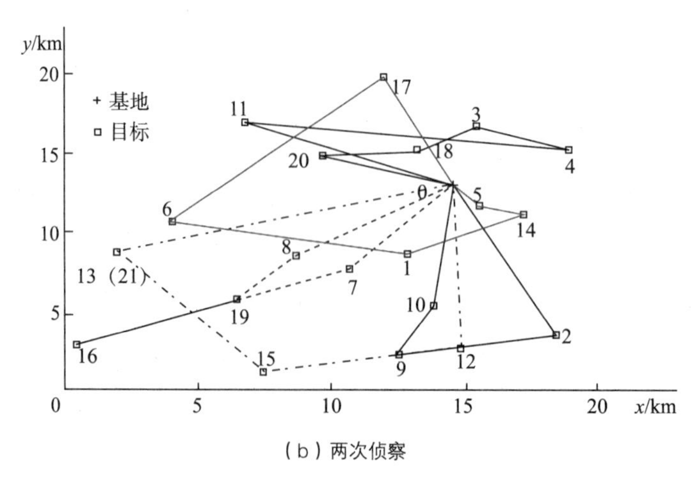

（b）两次侦察

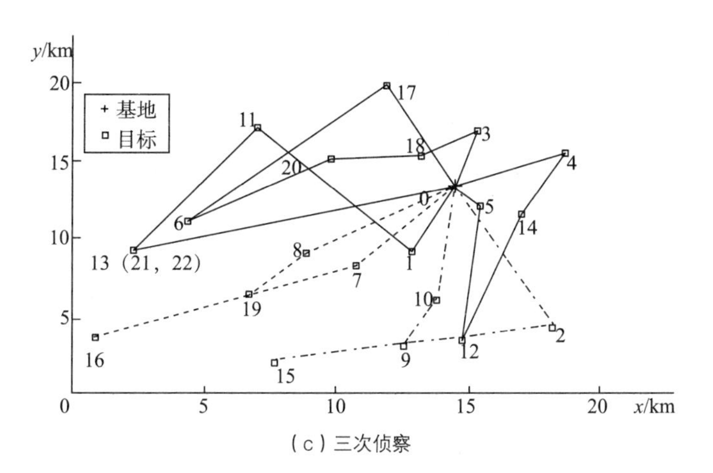

（c）三次侦察

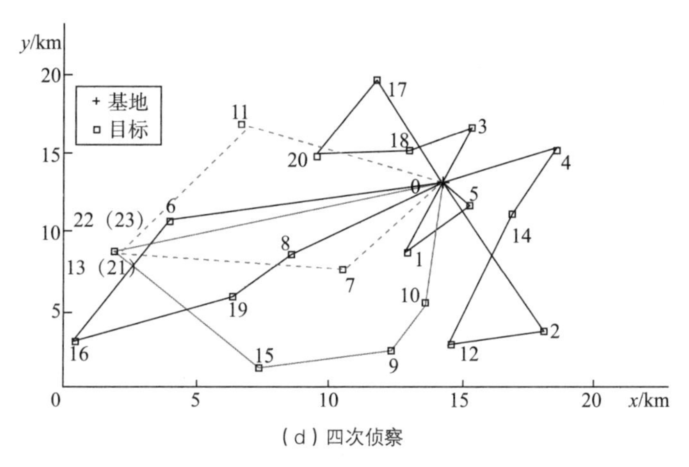

（d）四次侦察

图 5-22　不同侦察次数的无人飞机路径图

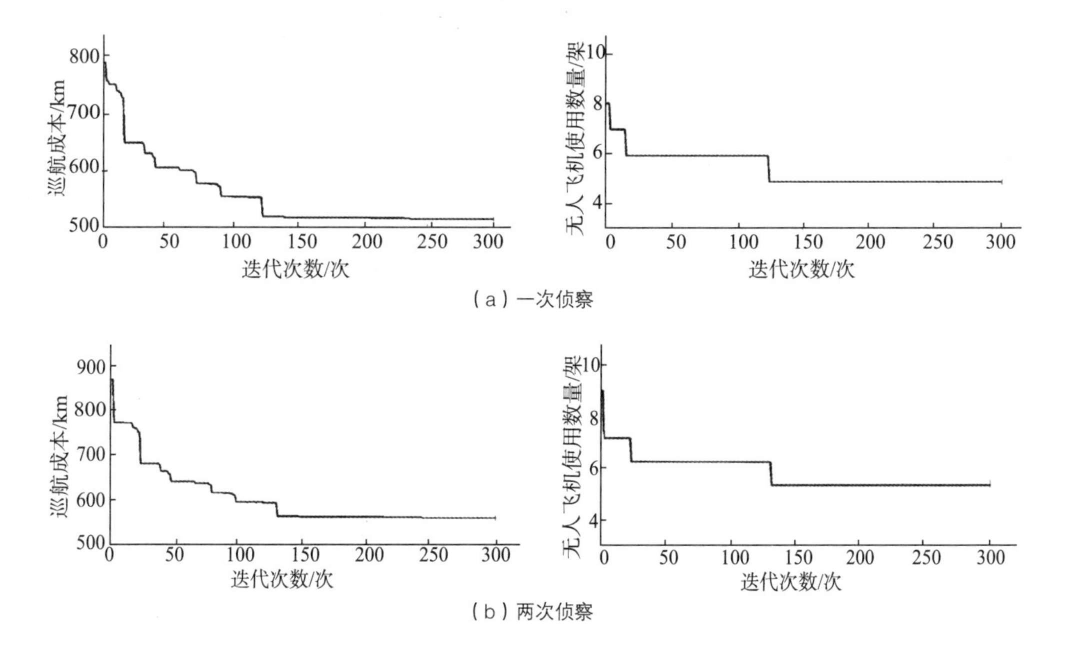

（a）一次侦察

（b）两次侦察

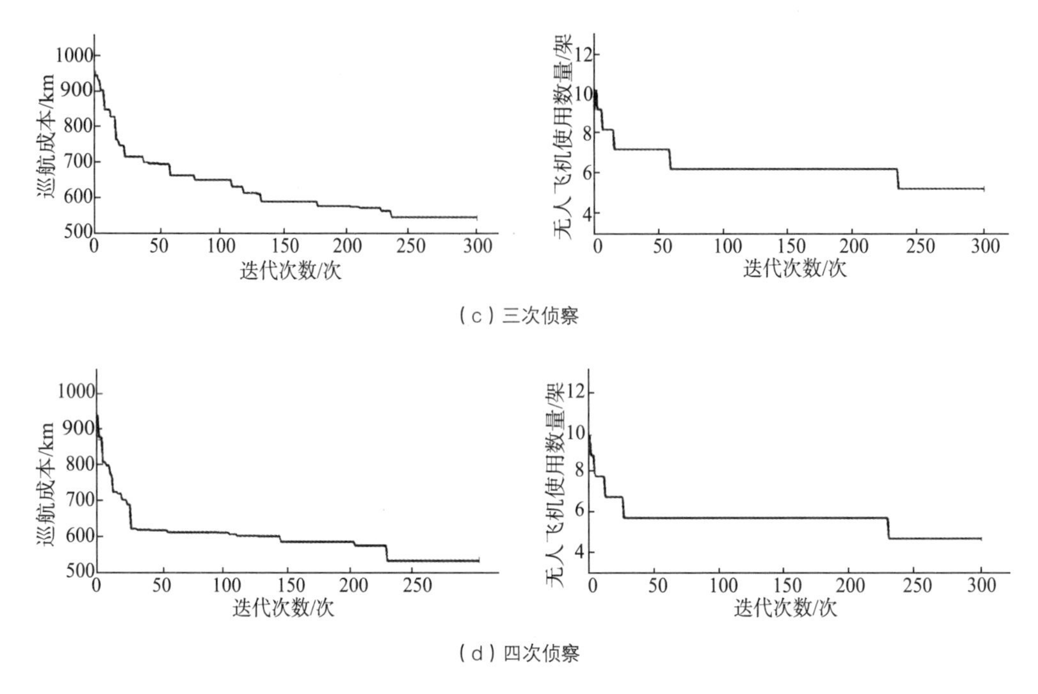

图 5-23　不同侦察次数最优路径对应的迭代收敛图

由图 5-22、5-23 可知，不同侦察次数的巡航距离、无人飞机数量分别为 504.91 km、5 架（侦察 1 次），515.47 km、5 架（侦察 2 次），527.93 km、5 架（侦察 3 次），570.43 km、5 架（侦察 4 次）。即：对目标 13 执行不同次数的侦察监控任务时，所需的无人飞机数量没发生变化，均需要 5 架无人飞机。此外，随着对目标 13 侦察监控次数的增加，无人飞机的巡航距离逐步增加，侦察监控次数由 1 次增加到 3 次时，无人飞机的巡航距离增幅较小，侦察监控次数由 3 次增加到 4 次时，无人飞机的巡航距离大幅增加。

且当在设定的时间窗内需要对目标 13 进行 1~4 次重复侦察，无人飞机的飞行路径差异较大，其飞行路径详情如表 5-8 所示。

表 5-8　无人飞机不同侦察次数的最优路径表

侦察 1 次		侦察 2 次	
UAV1	0-10-9-12-5-14-4-0	UAV1	0-2-9-10-0
UAV2	0-8-15-11-0	UAV2	0-11-4-3-18-20-0
UAV3	0-3-18-20-17-7-0	UAV3	0-8-19-16-7-0
UAV4	0-1-19-16-6-0	UAV4	0-5-14-1-6-17-0
UAV5	0-13-2-0	UAV5	0-13-13-15-12-0

续　表

侦察 3 次		侦察 4 次	
UAV1	0-2-15-9-10-0	UAV1	0-8-19-16-6-0
UAV2	0-13-13-13-11-1-0	UAV2	0-2-12-14-4-0
UAV3	0-3-18-20-6-17-0	UAV3	0-5-1-3-18-20-17-0
UAV4	0-5-12-14-4-0	UAV4	0-13-13-15-9-10-0
UAV5	0-8-19-16-7-0	UAV5	0-11-13-13-7-0

由表 5-8 可知，需要 1~3 次侦察时，目标 13 均由一架无人飞机侦察。其中，执行 1 次侦察时，无人飞机直接飞赴目标 13，在时间窗 [10，11] 内侦察；执行 2 次侦察时，无人飞机先直接飞赴目标 13，先在时间窗 [10，11] 内侦察，然后等待 1.2296 h 后在时间窗 [12，13] 内侦察；执行 3 次侦察时，无人飞机在时间窗 [10，11]、[12，13]、[14，15] 的等待时间分别为 0、1.2296、1.9 h；需要 4 次侦察时，目标 13 则由两架无人飞机分别侦察，第一架无人飞机在时间窗 [10，11]、[12，13] 侦察目标 13，其等待时间分别为 0 和 1.2296 h，第二架无人飞机在时间窗 [14，15]、[16，17] 侦察目标 13，其等待时间分别为 0 和 1.224 h。

此外，经过迭代优化以后，四种侦察情形的两个目标函数值都在逐步减小，初始解和最优解的比较情况如表 5-9 所示。

表 5-9　不同侦察次数的初始最优解和优化最优解对比

侦察情形		巡航距离均值（km）	无人飞机数量均值（架）	最优巡航距离（km）	最优无人飞机数量（架）
侦察 1 次	初始解	1065.73	10.98	813.53	8
	最优解	543.03	5.2	504.91	5
	变化幅度	−49.05%	−52.64%	−37.94%	−37.50%
侦察 2 次	初始解	1111.04	11.67	792.89	9
	最优解	551.85	5.2	515.47	5
	变化幅度	−50.33%	−55.44%	−34.99%	−44.44%
侦察 3 次	初始解	1155.60	12.03	867.15	8
	最优解	574.64	5.3	527.93	5
	变化幅度	−50.27%	−55.94%	−39.12%	−37.50%
侦察 4 次	初始解	1232.40	12.69	993.93	10
	最优解	613.90	5.7	570.43	5
	变化幅度	−50.19%	−55.08%	−42.61%	−50.00%

由表 5-9 可知，最优巡航距离和最优无人飞机数量在侦察 1、2、3、4 次情形下，较最优初始解分别平均下降了 37.94%、37.50%，34.99%、44.44%，39.12%、37.50%，42.61%、50.00%。四种情形下的平均最优巡航距离和最优无人飞机数量较初始值平均下降了 38.66%、42.36%。

此外，本研究提出了无人飞机路径规划的四种情景，构建了数学模型和求解算法，案例分析结果表明：

（1）在情景 1 中，最优解较之初始解，总巡航距离减少了 13.07%，巡航目标数量增加了 41.67%；在情景 2 中，无时间窗、宽时间窗、窄时间窗三种情形下的平均最优巡航成本和最优无人飞机使用数量较初始值分别平均下降了 30.93%、31.74%；在情景 3 中，最优解较之初始解，无人飞机的使用数量均为 3 架次，无人飞机的巡航距离得到改善，其函数值下降了 13.74%；在情景 4 中，不同次数的侦察情景下的平均最优巡航距离和最优无人飞机数量较初始值分别平均下降了 38.66%、42.36%。这表明本文提出的模型和算法是可行、有效的。

（2）时间窗约束对无人飞机路径规划的影响较大，随着时间窗从无到紧，所需无人飞机数量和无人飞机巡航成本增加。无时间窗、宽时间窗、窄时间窗时，最优巡航成本为和最优无人飞机数量分别为 165.5915 km、4 架，268.4920 km、4 架，300.9745 km、5 架。

（3）求解算法中的交叉率大小对优化结果影响较为明显，在情景 2 中，随着交叉率的增大，解的质量总体上在改善，当交叉率大于 0.8 时，解的波动幅度较为明显。情景 2 中，在交叉率一定的情况下，随着变异率的增大，解的质量改善状况不明显，表明变异率的影响相对较弱。此外，变异交换次数的大小对优化结果影响较大，情景 2 中，随着变异交换次数的增大，解的质量总体上在恶化，其原因在于过多的变异操作，容易造成个体染色体基因结构的破坏。

（4）无人飞机对某一目标进行多次间断的、重复侦察，会增加无人飞机巡航的代价。情景 4 中，侦察 1 次目标的巡航距离为 504.91 km、无人飞机数量为 5 架；侦察 2 次目标的巡航距离为 515.47 km、无人飞机数量为 5 架；侦察 3 次目标的巡航距离为 527.93 km、无人飞机数量为 5 架；侦察 4 次目标的巡航距离为 570.43 km、无人飞机数量为 5 架。

参考文献

［1］LIU X, GAO L, GUAN Z, et al. A Multi-Objective Optimization Model for Planning Unmanned Aerial Vehicle Cruise Route［J］. International Journal of Advanced Robotic Systems, 2016, 13: 116.doi: 10.5772/64165.

［2］LIU X F, PENG Z R, CHANG Y T, et al. Multi-Objective Evolutionary Approach for UAV Cruise Route Planning to Collect Traffic Information [J]. Journal of Central South University,2012,19 (12) :3614-3621.

[3] LIU X F, GUAN Z W, SONG Y Q, et al. An Optimization Model of UAV Route Planning for Road Segment Surveillance [J]. Journal of Central South University, 2014, 21 (6): 2501-2510.

[4] LIU X, CHENG C, LUAN L. UAV Route Planning Model and Algorithm Considering Time Window and Multi-Surveillance for Traffic Surveillance [C]. Proceedings of the 15th International Conference of Chinese Transportation Professionals, 2015: 164-176.

[5] 闫震宇，康立山，陈毓屏，等 . 一种新的多目标演化算法：稳态淘汰演化算法 [J] . 武汉大学学报（理学版），2003，49（1）：33-38.

[6] DEB K, PRATAP A, AGARWAL S, et al. A Fast and Elitist Multi-Objective Genetic Algorithm: NSGA-II [J] . IEEE Transactions on Evolutionary Computation, 2002, 6 (2): 182-197.

[7] 郎茂祥 . 配送车辆优化调度模型与算法 [M] . 北京：电子工业出版社，2009.

第6章
动态无人飞机路径规划的多目标优化方法

6.1 问题描述

在稀疏道路的交通监控中，无人飞机的侦察需求包括道路交通信息采集、交通事件检测、交通事故现场查勘等。针对无人飞机的动态路径规划需求（也就是面临突发的侦察需求，需要在途调整无人飞机的飞行路径，本研究称为“路径动态规划”），需要进行关键侦察目标的识别，以区别已侦察、未侦察、新侦察的目标，以便于巡航路径动态规划建模。本研究将无人飞机正在前往侦察的目标或正在侦察的目标，称为关键侦察目标。动态规划的优化目标函数、约束条件和决策变量与静态路径规划问题相似，主要差别在于关键目标的识别。

动态的巡航路径规划和关键目标的解释，如图6–1所示。在图6–1的初始时刻t_0，道路网有1个基地（用□表示），13个侦查目标和3条优化后的巡航路径，即0–8–7–11–0、0–2–12–6–4–3–0和0–9–10–13–1–5–0。在时刻t_1，交通监控中心获悉新的侦查目标14出现，此时，路径0–8–7–11–0已经巡航完毕，另外2条路径尚在巡航途中。其中，一架无人飞机从目标12飞往目标6，另一架无人飞机正在监测目标9。因此，目标6和9被定义为关键目标。在此背景下，实时的、动态无人飞机巡航路径规划需要考虑已巡航目标（目标2和12）、未巡航目标（目标3、4、10、13、1、5，以及新出现的目标14）和关键目标（目标6和9）。图6–1中，新规划的无人飞机巡航路径必须始于无人飞机基地或关键目标，巡航未侦查的目标和新目标，然后返回基地。在此过程中，需要考虑计算优化时间Δt。在时刻t_2，生成新的无人飞机巡航路径。

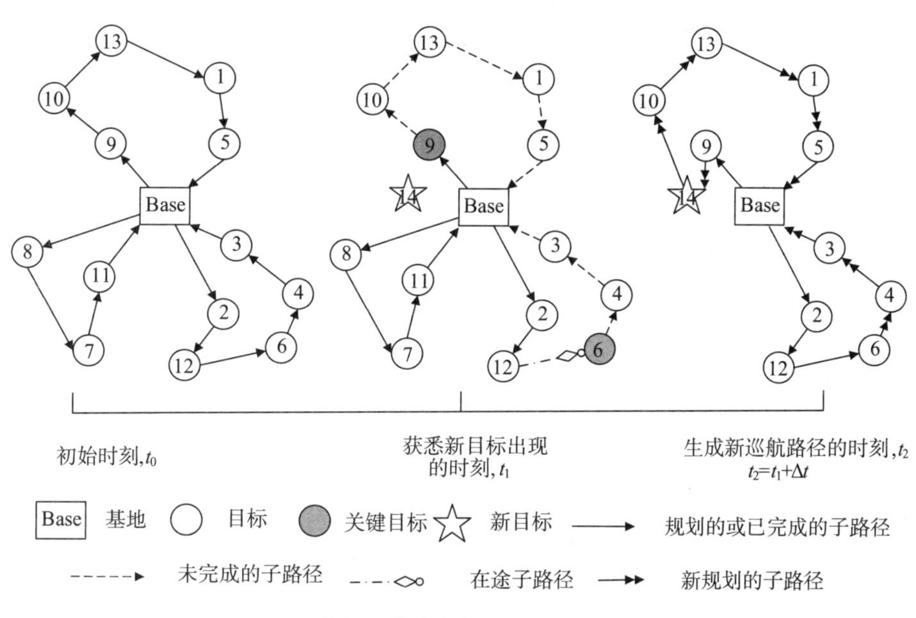

图 6-1 动态巡航路径规划和关键目标示意图

动态的无人飞机巡航路径规划，需要解决以下问题：给定一定数量的无人飞机和一系列侦察目标（节点、路段），考虑无人飞机的最大飞行距离约束、侦察目标的时间窗约束，从某一特定时刻起，满足无人飞机的起降点变化、侦查目标数量的变化、部分无人飞机失效（如坠机、失联）的变化，以及多无人飞机协同的需求，如何尽可能快地规划出无人飞机的巡航路径，满足多样化的交通监测需求？

动态无人飞机路径规划的目标函数和约束条件包括：

（1）目标函数

◇ 侦察任务的总代价（距离、总行程时间或其折算值）最小；

◇ 无人飞机使用数量最少；

◇ 多架无人飞机的巡航时间协同性最好。

（2）约束条件

◇ 每架 UAV 按要求从起降点出发、降落；

◇ 对每个侦察目标至多侦察一次；

◇ 对每一个关键侦查目标而言，当无人飞机到达或飞向该目标之后，无人飞机必须离开该目标；

◇ 满足 UAV 的续航时间（或最大巡航距离）约束；

◇ 满足侦察目标的时间窗约束，如采集早高峰时段［7：00，9：00］的道路交通信息或交通事件检测，无人飞机必须在此时间段内到达侦察；

◇ 无人飞机数量的约束。

6.2 问题建模

结合图 6–1 的动态无人飞机巡航路径规划情景，开展某一特定情景（侦查目标突然增加）的动态无人飞机路径规划问题的建模研究。假设未侦察目标的集合记为 N_{u}，关键目标的集合记为 N_{c}，未侦察目标和关键目标的集合记为 N_{cu}，无人飞机基地和未侦察目标的集合记为 $N_{0\mathrm{u}}$，无人飞机基地、关键目标和未侦察目标的集合记为 $N_{0\mathrm{cu}}$，关键目标、未侦察目标和已侦察目标的集合记为 N_{cuv}，无人飞机基地、关键目标、未侦察目标和已侦察目标的集合记为 $N_{0\mathrm{cuv}}$，无人飞机的集合记为 K。每个无人飞机路径 (i,j) 的欧几里德距离和飞行时间分别记为 d_{ij}、t_{ij}，目标 i 的时间窗记为 $[a_i,b_i]$，其中，a_i 代表时间窗的开始时间，b_i 代表时间窗的结束时间，如果无人飞机在开始时间前到达目标处，无人飞机需要等待直到时间窗的开始时间；目标 i 处的等待时间、侦察服务时间、开始侦察时刻分别记为 w_i，s_i 和 T_i；对无人飞机基地而言，$w_0=s_0=T_0=0$；可用的无人飞机数量记为 N；无人飞机的最大飞行距离记为 D。无人飞机路径优化目标如下：

$$\min f_1=\sum_{k\in K}\sum_{j\in N_{\mathrm{cuv}}} x_{k0j} \tag{6–1}$$

$$\min f_2=\sum_{k\in K}\sum_{i\in N_{0\mathrm{cuv}}}\sum_{j\in N_{0\mathrm{cuv}}} x_{kij}\times(d_{ij}+\alpha\times s_i+\beta\times w_j) \tag{6–2}$$

目标函数 1 是使用的无人飞机数量最少，目标函数 2 是总巡航成本最低，该成本包括无人飞机飞行成本、侦察成本以及等待的成本。α 是侦察服务时间的距离转化系数，β 是等待时间的距离转化系数。约束条件如下：

$$\sum_{k\in K}\sum_{j\in N_{0\mathrm{u}}} x_{kij}=1,\quad \forall i\in N_{\mathrm{cu}} \tag{6–3}$$

$$\sum_{k\in K}\sum_{i\in N_{0\mathrm{cu}}} x_{kij}=1,\quad \forall j\in N_{\mathrm{u}} \tag{6–4}$$

$$\sum_{j\in N_{\mathrm{cuv}}} x_{k0j}=1,\quad \forall k\in K \tag{6–5}$$

$$\sum_{i\in N_{\mathrm{cu}}} x_{ki0}=1,\quad \forall k\in K \tag{6–6}$$

$$\sum_{k\in K}\sum_{j\in N_{0\mathrm{u}}} x_{kij}=1,\quad \forall i\in N_{\mathrm{c}} \tag{6–7}$$

$$\sum_{k\in K}\sum_{i\in N_{0\mathrm{cu}}} x_{kih}=\sum_{k\in K}\sum_{j\in N_{0\mathrm{u}}} x_{khj},\quad \forall h\in N_{\mathrm{u}} \tag{6–8}$$

$$a_i \leqslant T_i \leqslant b_i, \ \forall i \in N_{\mathrm{cu}} \tag{6-9}$$

$$x_{kij} = 1 \Rightarrow T_i + s_i + t_{ij} + w_{ij} = T_j, \ \forall i, \ j \in N_{0\mathrm{cu}} \tag{6-10}$$

$$w_i = \max\{0, \ a_i - T_i\}, \ \forall i \in N_{\mathrm{cu}} \tag{6-11}$$

$$\sum_{k \in K} \sum_{j \in N_{\mathrm{cuv}}} x_{k0j} \leqslant N \tag{6-12}$$

$$\alpha \cdot \sum_{i \in N_{0\mathrm{cuv}}} \sum_{j \in N_{0\mathrm{cuv}}} x_{kij} \times s_i + \sum_{i \in N_{0\mathrm{cuv}}} \sum_{j \in N_{0\mathrm{cuv}}} x_{kij} \times d_{ij} \leqslant D, \ \forall k \in K \tag{6-13}$$

决策变量如下：

$$x_{kij} = \{0, \ 1\}, \ \forall i \in N_{0\mathrm{cuv}}, \ j \in N_{0\mathrm{cuv}} \tag{6-14}$$

其中，公式（6–3）的含义是，对每一个关键目标或未侦察目标而言，仅有一架无人飞机离开；公式（6–4）的含义是，对每一个未侦察的目标而言，仅有一架无人飞机到达；公式（6–5）的含义是，无人飞机从基地出发；公式（6–6）的含义是，无人飞机返回基地；公式（6–7）的含义是，对每一个关键目标而言，当无人飞机到达或飞向该目标之后，无人飞机必须离开该目标；公式（6–8）的含义是，对每一个未侦察的目标 h，到达的无人飞机必须离开；公式（6–9）的含义是，目标 i 的时间窗限制；公式（6–10）的含义是，无人飞机路径 (i, j) 的时间优先顺序；公式（6–11）的含义是，目标 i 处的等待时间；公式（6–12）的含义是，无人飞机的最大可用数量；公式（6–13）的含义是，无人飞机的最大飞行距离；公式（6–14）的含义是，当无人飞机从目标 i 飞到目标 j 时，决策变量等于 1，否则等于 0。需要注意的是，在一条无人飞机的飞行路径中，可能局部的子路径已巡航结束，部分子路径还未巡航，对已巡航的子路径而言，其 x_{kij} 值取为 1。例如，在图 6–1 中，0–2–12–6–4–3–0 是一条未巡航结束的路径，其中，子路径 0–2–12–6 已巡航。与之对应的是，目标 2、12 是已侦察目标，目标 6 是关键目标，$x_{k0\text{-}2}$，$x_{k2\text{-}12}$ 和 $x_{k12\text{-}6}$ 分别取值为 1。

6.3 优化算法设计

本研究将结合多目标优化原理，以帕累托最优为原则，设计分布式的优化算法——基于分解的多目标进化算法（Multi-objective Evolutionary Algorithm Based on Decomposition, MOEA/D），该算法具有较低的计算复杂度，它将一个多目标优化问题分解为一组子问题。本研究将使用切比雪夫分解策略，同时优化子问题，获得帕累托最优的无人飞机巡航路径。该算法的主要步骤为：

① 生成若干条无人飞机巡航路径种群，每条巡航路径的实数权重向量，以及对应的邻域巡航路径；巡航路径种群设置目标函数参考点。

② 以无人飞机的巡航路径为基础，考虑各种约束条件，进行子路径划分，生成每条巡航路径对应的目标函数值；将目标函数值最小的巡航路径作为精英路径，更新目标函数参考点。

③ 计算精英路径所在邻域内各巡航路径的切比雪夫值，每条巡航路径对应有实数权重值和目标函数值，则其对应的切比雪夫值 =max{ 实数权重值 ×（目标函数值 - 目标函数参考点的值）}；当精英路径的切比雪夫值 ≤ 邻域巡航路径的切比雪夫值，则用精英路径代替邻域内其他巡航路径，更新无人飞机巡航路径种群，实现精英策略。

④ 设置交叉和变异概率，对所有巡航路径进行交叉和变异操作，提高飞行路径的多样性。

⑤ 计算经过交叉、变异后的巡航路径种群的各巡航路径目标函数值，找出目标函数值最小的巡航路径作为精英路径，更新目标函数参考点。

⑥ 计算步骤⑤中所得精英路径所在邻域的各巡航路径的切比雪夫值，当精英路径的切比雪夫值≤邻域巡航路径的切比雪夫值，则用精英路径代替邻域巡航路径，更新无人飞机巡航路径种群，实现精英策略。

⑦ 返回第④步，进行循环迭代，计算出最佳无人飞机的巡航路径，得到相应的目标函数值。

无人飞机巡航的每种场景约束条件各有不同，造成可行无人飞机巡航路径生成方法差异很大，因此，需要有针对性地对每一种场景进行专门的可行路径设计。结合 6.2 节的动态无人飞机路径规划情景，本研究设计提出一种基于分解的多目标进化算法求解最优解。

6.3.1 切比雪夫分解法和算法框架

加权求和法、切比雪夫法、边界相交法，可以用于多目标问题的分解。切比雪夫法通过改变权向量，可以处理非凹面 Pareto 前沿优化问题。因此，本研究采用切比雪夫分解法，用于无人飞机巡航路径的多目标优化。单目标优化的子问题可以描述为：

$$\begin{aligned}&\text{Minimize } g(x|\boldsymbol{\lambda},\ z^*)=\max_{1\leqslant i\leqslant m}\{\lambda_i\,|\,f_i(x)-z_i^*\,|\}\\&\text{Subject to}\quad x\in\Omega\end{aligned}\tag{6-15}$$

其中，$\boldsymbol{\lambda}=(\lambda_1,\ \cdots,\ \lambda_m)$ 是权重向量，z^* 是参考点，m 是目标函数的个数，Ω 是决策空间，$f(x)$ 是目标函数。对所有的 $i=1,\ \cdots,\ m$，$\lambda_i\geqslant 0$，$\sum_{i=1}^{m}\lambda_i=1$，且 $z_i^*=\min\{f_i(x)|x\in\Omega\}$。

记 $\boldsymbol{\lambda}^1$，…，$\boldsymbol{\lambda}^N$ 为权重向量，与之对应的是，有 N 个单目标优化的子问题。当 N 足够大而且权重向量选择合理的时候，通过这些子问题的最优解，就能够很好地逼近所研究的优化问题的 Pareto 前沿。

该算法主要包括算法参数设置、整数型染色体的生成、交叉、变异、邻域染色体的更新，算法框架如图 6–2 所示。

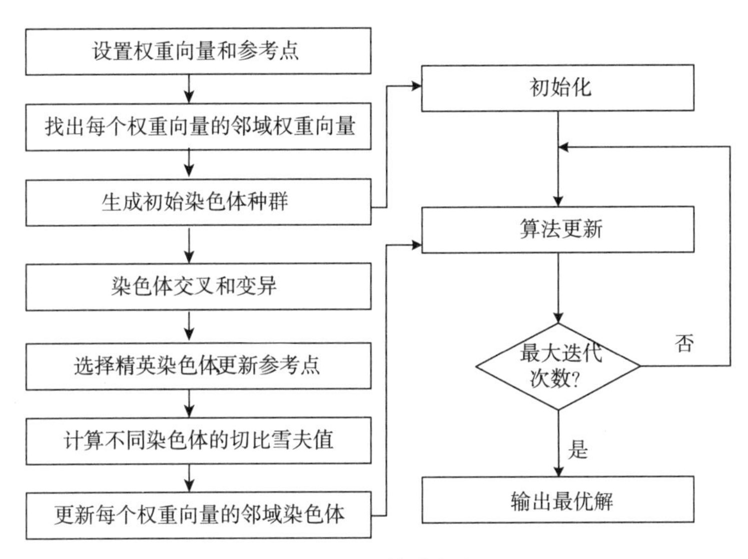

图 6–2　算法框架

6.3.2　算法步骤

步骤 1　初始化

步骤 1.1　初始化权重向量集合 $\{\boldsymbol{\lambda}^1，\cdots，\boldsymbol{\lambda}^i，\cdots，\boldsymbol{\lambda}^N\}$，计算任意两个权重向量之间的欧几里得距离。然后，找出任一权重向量的 T 个最近权重向量。权重向量 $\boldsymbol{\lambda}^i$ 的邻域集合记为 $B(i)=\{i_1，\cdots，i_T\}$，$\boldsymbol{\lambda}^i$ 的 T 个最近权重向量记为 $\{\boldsymbol{\lambda}^{i_1}，\cdots，\boldsymbol{\lambda}^{i_T}\}$。

步骤 1.2　使用整数型染色体生成法（见 6.3.3 节），生成初始的染色体种群 $\{x^1，\cdots，x^N\}$。任一染色体 x^i 的目标函数值记为 $FV^i=F(x^i)$。

步骤 1.3　设置参考点的初始值 $z=(z_1，\cdots，z_m)$，其中，$z_j=\min\limits_{1\leqslant i\leqslant N}f_j(x^i)$。

步骤 2　算法更新

对每一次迭代，执行如下操作：

步骤 2.1　随机生成一个处于 0 和 1 之间的随机数，当算法的交叉率参数大于该随机数时，进行染色体的交叉操作。从邻域集合 $B(i)=\{i_1，\cdots，i_T\}$ 中随机选取 2 个数字，这些数字是染色体种群中染色体的顺序编号，相应地，选取 2 个染色体。接着，对所选取的 2 个染色体进行 OX 交叉操作。

步骤 2.2　随机生成一个处于 0 和 1 之间的随机数，当算法的变异率参数大于该随机数时，进行染色体的变异操作。从邻域集合 $B(i)=\{i_1, \cdots, i_T\}$ 中随机选取 1 个数字，这个数字是染色体种群中染色体的顺序编号，相应地，选取 1 个染色体。接着，对所选取的这个染色体进行多次交换变异操作。

步骤 2.3　经过交叉、变异操作后，更新新的染色体种群的目标函数值，其中，具有最小目标函数值的染色体记为 y，y 被记为精英染色体。接着，更新参考点 z。对于任意的 $j=1, \cdots, m$，如果 $z_j>f_j(y)$，那么 $z_j=f_j(y)$。

步骤 2.4　更新邻域染色体。

对于任意的 $j\in B(i)$，如果 $g(y|\lambda^j, z)\leqslant g(x^j|\lambda^j, z)$，那么令 $x^j=y$，且 $FV^j=F(y)$。

步骤 3　停止迭代，输出最优解

如果达到最大迭代次数，停止算法的迭代，输出最优解 $\{x^1, \cdots, x^N\}$ 和对应的目标函数值 $\{F(x^1), \cdots, F(x^N)\}$。否则，返回步骤 2，继续迭代。

6.3.3　可行染色体的生成

在传统的数学优化问题当中，自变量通常是实数，而在无人飞机巡航路径优化问题中，优化解是无人飞机的飞行路径。该路径是由不同的侦察目标按照一定的顺序组合而成的，不同的侦察目标又有不同的整数编号（如 1 号、2 号等）。因此，需要引入整数型染色体生成法以产生可行的无人飞机巡航初始路径。例如，在某个道路网中有 13 个需要侦察的目标，那么一条可行的无人飞机巡航路径（也可称为染色体）可表达为 5–7–13–2–4–8–9–11–1–3–6–10–12。

对于实时的无人飞机路径优化问题，染色体的生成需要考虑在路径重新优化的时刻，哪些目标已经巡航，哪些目标尚未巡航。以图 6-1 为例，说明可行染色体的生成方法。在 t_0 时刻，无人飞机按照事先规划好的巡航路径。在 t_1 时刻，新的侦察目标 14 出现，此时，路径 0–8–7–11–0 已巡航完毕，另外 2 条路径（0–2–12–6–4–3–0 和 0–9–10–13–1–5–0）仅巡航了部分的目标。在路径 0–2–12–6–4–3–0 和 0–9–10–13–1–5–0 中，目标 2、12、6、9 被巡航，其他目标未被巡航。因此，在此阶段，被巡航的目标集合是 {2, 6, 7, 8, 9, 11, 12}，未被巡航的目标集合是 {1, 3, 4, 5, 10, 13, 14}。所以，可以利用上述的整数型染色体生成法，从 {1, 3, 4, 5, 10, 13, 14} 中生成可行染色体。例如，13–4–5–1–10–14–3 和 10–5–4–13–3–1–14 可表达为 2 条可行的无人飞机巡航路径染色体。

6.3.4 无人飞机子路径划分

为了满足优化模型中的约束条件以及获取染色体的目标函数值，需要将生成的可行无人飞机巡航路径进行划分。本研究提出一种目标插入的子路径划分方法，该方法步骤如下：

步骤 1：将已巡航的无人飞机路径删除，生成可行的无人飞机巡航路径染色体。

步骤 2：找出未巡航结束的无人飞机路径，将染色体的侦察目标逐一地插入到该未巡航结束的无人飞机路径当中，进行子路径划分。插入的操作需要满足无人飞机最大飞行距离和目标的时间窗 2 个约束条件。如果不满足，则将染色体的侦察目标插入到另外一条未巡航结束的无人飞机路径当中，直到这些未巡航结束的无人飞机路径被用完。

步骤 3：经过插入操作之后，如果染色体中还有侦察目标剩余，那么将这些剩余的侦察目标生成新的无人飞机巡航路径，这些路径同样需要满足无人飞机最大飞行距离和目标的时间窗 2 个约束条件。

为了更好地阐述上述算法，假设有 1 条可行的无人飞机巡航路径染色体 13–4–5–1–10–14–3，以及 2 条未巡航结束的无人飞机路径 0–2–12–6–4–3–0、0–9–10–13–1–5–0，其中，已巡航的目标是 {2，12，6，9}。在上述情形下，可以开展子路径的划分。第一步，将目标 13 插入到 0–2–12–6 当中，可生成子路径 0–2–12–6–13–0，如果该路径满足无人飞机最大飞行距离和目标的时间窗约束，接着，就插入目标 4，生成子路径 0–2–12–6–13–4–0，如果满足约束条件，则插入目标 5，生成子路径 0–2–12–6–13–4–5–0，如果不满足约束条件，则可行的子路径是 0–2–12–6–13–4–0。第二步，开始插入剩余目标 {5，1，10，14，3}。首先，将目标 5 插入 0–9 当中，生成子路径 0–9–5–0，分析无人飞机最大飞行距离和目标的时间窗 2 个约束条件，重复进行目标的插入，假设可行的子路径是 0–9–5–1–10–0。第三步，2 条未巡航结束的无人飞机路径都被插入了新目标，此时染色体剩余的目标为 {14，3}。首先，分析子路径 0–14–0 是否满足上述 2 个约束条件，如果满足，则分析子路径 0–14–3–0 是否满足，如果该子路径也满足上述的 2 个约束条件，则 0–14–3–0 是另外一条可行子路径。因此，对于可行的无人飞机巡航路径染色体 13–4–5–1–10–14–3 而言，可以生成 3 条可行的无人飞机子路径，也就是 0–2–12–6–13–4–0、0–9–5–1–10–0、0–14–3–0，这样就可以确定无人飞机的数量和总的巡航成本。

6.3.5 交叉和变异操作

采用 OX 交叉操作和多次交换变异操作，以改善算法的种群多样性，并提高算法的局部搜索能力。OX 交叉的使用方法为：假设有 2 个染色体，13–4–5–1–10–14–3、1–3–4–5–10–13–14。首先，随机指定 2 个染色体的匹配段，例如，5–1–10–14、4–5–10–13。

然后，将前一个匹配段放在后一个染色体的前部，则生成串 5–1–10–14 || 1–3–4–5–10–13–14。接着，将该串后部的重复数字删除，可得到新路径 5–1–10–14–3–4–13。与之类似，重组 4–5–10–13 和 13–4–5–1–10–14–3，可得到新路径 4–5–10–13–1–14–3。

多次交换变异的使用方法为：假设有染色体 13–4–5–1–10–14–3，随机指定 2 个交换的位置，如第 3 位和第 4 位，那么目标 5 和目标 1 交换它们的位置，生成新的路径 13–4–1–5–10–14–3。接着，继续随机指定 2 个交换的位置，如第 1 位和第 7 位，那么目标 13 和目标 3 交换它们的位置，生成新的路径可表达为 3–4–1–5–10–14–13。

6.4 案例分析

假设某道路网络有 20 个侦察目标，1 个无人飞机基地，侦察目标的位置和时间窗信息与文献 [5] 的一致。目标 4、6、12、19、20 的侦察服务时间设为 0.15 h，其余目标的侦察服务时间设为 0.1 h，无人飞机的最大飞行距离设为 50 km，无人飞机的飞行速度设为 20 km/h，侦察服务时间的距离折算系数设为 20 km/h，等待时间的距离折算系数设为 5 km/h。静态的无人飞机巡航路径规划方案与文献 [5] 一致，且各个侦察目标的无人飞机到达时间可以计算得出，这些到达时间均标注在图 6–3 当中。在图 6–3 中，有 4 条无人飞机路径，每个侦察目标有 2 个数字，一个是目标的序号，一个是无人飞机的到达时刻。在时刻 t=0，无人飞机按照规划好的巡航路径，从基地起飞，开始侦察。

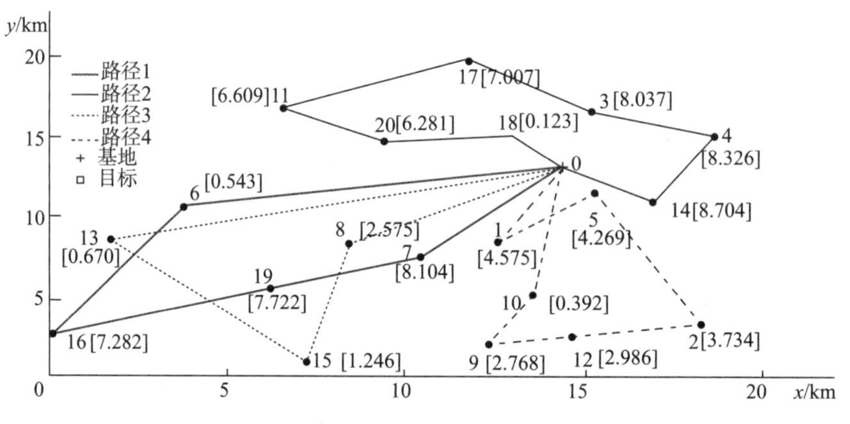

图 6–3 侦察目标的分布和无人飞机到达时刻

假设在 t=3.4 h 时刻，交通监控中心获知侦察目标 21 处发生了交通事故，事故坐标为（9.6 km，12 km），该目标的时间窗为（3.5 h，8.5 h），它的侦察服务时间设为 0.1 h。由于有交通事故的发生，因此需要实时地优化无人飞机的巡航路径。根据各目标的时间窗情况和无人飞机的到达时刻。可知，在 t=3.4 h 时，路径 0–13–15–8–0 已经巡航完毕，其他 3 条路径仍在巡航当中。在路径 0–6–16–19–7–0 中，一架无人飞机正在等待以侦察目标 6；在路径 0–18–20–11–17–3–4–14–0 中，一架无人飞机正在等待以侦察目标 18；在路径 0–10–9–12–2–5–1–0 中，一架无人飞机正从目标 12 飞往目标 2. 在此时，关键目标集合为 {2，6，18}，未侦察的目标集合为 {1，3，4，5，7，11，14，16，17，19，20，21}。

6.4.1　优化解的分析

在 MATLAB R2014b 平台上编程，进行优化研究，相关的参数设置如下：无人飞机路径的染色体种群规模为 100 个；最大迭代次数为 300；交叉率为 0.8；变异率为 0.1；多次交换次数设为 3；邻域权向量的个数设为 6。为了避免算法的随机性，优化操作运行 20 次，获得 20 个优化解，在 20 个优化解中，有 7 个最优解。最优的总巡航成本是 223.25 km，最优的无人飞机数量是 3 架。此外，生成一个初始染色体种群，以获取 100 个初始解，并将其中 20 个最好的解选择出来，用以分析优化的效果。初始解和优化解的比较情况，如图 6–4 所示。

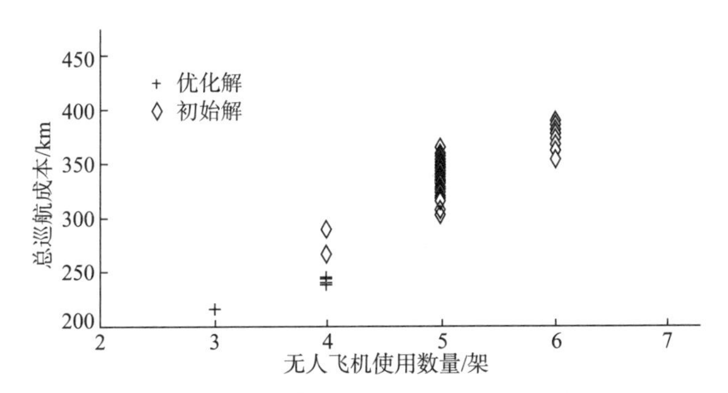

图 6–4　初始解和优化解的比较

初始解和优化解的比较情况如表 6–1 所示。由表 6–1 可知，与初始解相比，最大的、平均的和最优的优化解分别下降了 20.00%、24.03%，25.51%、25.19%，25.00%、17.87%。这表明优化结果可行、有效。

表 6–1　初始解和优化解的比较情况

解的比较	无人飞机使用数量的最大值	总巡航成本的最大值（km）	无人飞机使用数量的均值	总巡航成本的均值（km）	无人飞机使用数量的最优值	总巡航成本的最优值（km）
初始解	5	334.80	4.90	323.07	4	271.81
优化解	4	254.36	3.65	241.69	3	223.25
改善程度	–20.00%	–24.03%	–25.51%	–25.19%	–25.00%	–17.87%

对应于最优解，最优的无人机巡航路径如图 6-5 所示。图 6-5 中，有 3 个关键目标，即目标 2、6、18，有 3 架无人飞机，即无人飞机 1 的巡航路径为 0-18-21-20-11-17-3-4-0，无人飞机 2 的巡航路径为 0-6-16-19-7-0，无人飞机 3 的巡航路径为 0-10-9-12-2-1-5-14-0。

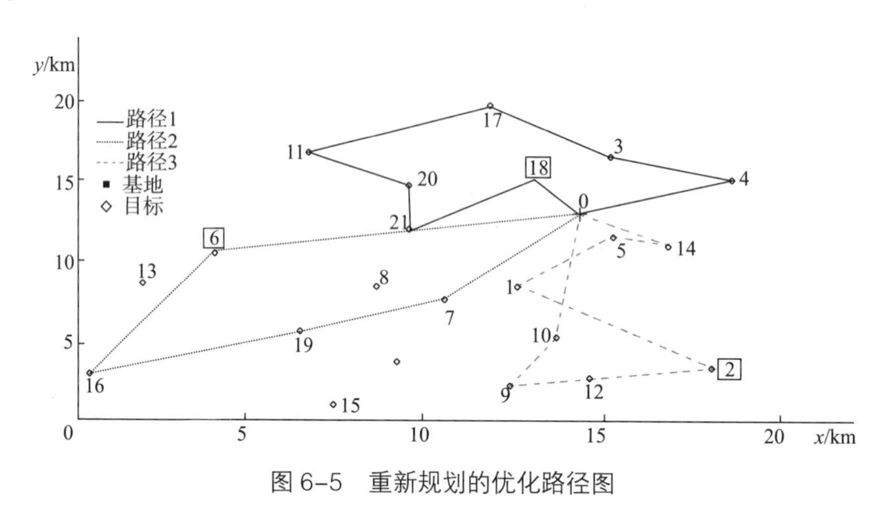

图 6-5　重新规划的优化路径图

6.4.2　算法比较

为了评估本算法的性能，本算法与使用最广泛的 NSGA2 进行比较。本算法的参数设置与前面的参数设置一致。用于优化的计算机系统配置为：Windows 8 操作系统，Intel Core i7-4870HQ CPU 2.50GHz, RAM 16.0GB。优化操作在 MATLAB R2014b 平台中运行 20 次。NSGA2 算法和本算法的 20 个优化解的比较，如图 6-6 所示。图 6-6 中，NSGA2 算法优化出了 3 个最优解，本算法优化出了 7 个最优解。

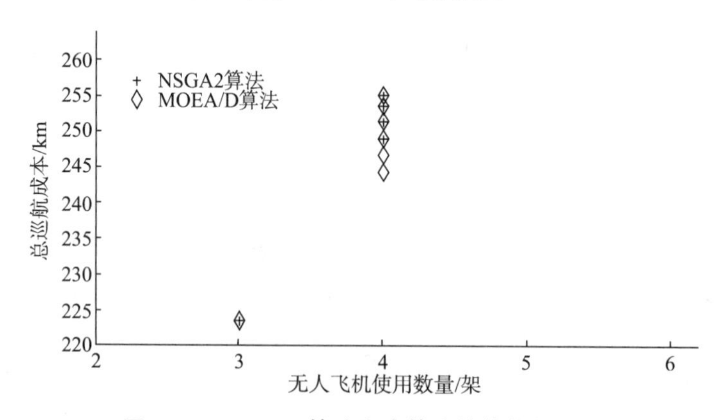

图 6-6　NSGA2 算法和本算法的优化解比较

此外，NSGA2 算法和本算法的优化解比较情况如表 6-2 所示。由表 6-2 所示，与

NSGA2 算法相比，本算法的平均计算时间为 25.90 s，下降幅度为 48.65%；本算法获得的最优解比例是 35%，增加幅度为 133.33%。另外，无人飞机的使用数量和总巡航成本均值分别下降了 5.19% 和 2.53%。这表明，在计算时间、获取最优解的比例和解的质量方面，本算法要优于 NSGA2 算法。

表 6–2　NSGA2 算法和本算法的优化解比较

算法比较	计算时间均值（s）	最优解的比例（%）	无人飞机的使用数量			总的巡航成本（km）		
			最大值	最小值	均值	最大值	最小值	均值
NSGA2 算法	50.44	15	4	3	3.85	254.71	223.25	247.96
MOEA/D 算法	25.90	35	4	3	3.65	254.25	223.25	241.69
改善情况	−48.65%	+133.33%	0	0	−5.19%	−0.18%	0	−2.53%

本算法的性能较好的原因主要有两点，一是本算法的计算复杂度相对较低，二是本算法采用了邻域策略以选择精英染色体。NSGA2 算法和本算法的计算复杂度分别是 $O(mN^2)$ 和 $O(mNT)$，其中，m 是目标函数的数量，N 是种群的规模大小，T 是每个权向量的邻域权向量个数。如果在某个优化问题中，目标函数的数量和种群规模大小相同，则本算法和 NSGA2 算法的计算复杂度之比为 $O(T)/O(N)$。在该比值中，T 的取值通常远小于 N，因此该比值小于 1。因此，本算法有更快的优化速度。另外，NSGA2 算法采用非支配排序和锦标赛选择，用于染色体的排序和精英染色体的选择，而本算法使用邻域策略，用以更新每个染色体的邻域染色体，因此，任意的染色体均有更多的可能被选择为精英染色体。

6.4.3　参数敏感性分析

本算法的敏感性分析如下：首先将邻域权向量的数量（T）分别设置为 3、6、9，其他的参数和前面的参数设置一样。优化操作运行 20 次，解的分析情况如表 6–3 所示。在表 6–3 中，当 T 等于 6 时，无人飞机的使用数量均值为 3.65，总巡航成本的均值为 241.91 km，这些值比 T 等于 3 或 9 时的目标函数值要小。这就说明，当 T 等于 6 时，解的质量有所改善。

表 6–3　邻域权向量个数的敏感性分析

参数	无人飞机的使用数量均值	总巡航成本均值（km）	计算时间均值（s）
T=3	3.85	250.87	24.76
T=6	3.65	241.91	25.90
T=9	3.85	247.25	25.25

另外，对算法的迭代次数（G）、种群规模（N）进行敏感性分析，将 G 分别设置为 200,300，N 分别设置为 50,100，相应的四种情景为：情景 1，G=200，N=50；情景 2，G=200，N=100；情景 3，G=300，N=50；情景 4，G=300，N=100。其他的算法参数和前面的设置一样，优化操作实施 20 次，敏感性分析结果如表 6–4 所示。表 6–4 表明，随着迭代次数和种群规模的增大，平均的计算时间显著增加。情景 4 有最优解，无人飞机的使用数量均值为 3.65 架，总的巡航成本均值为 241.69 km，找到最优解的比例为 35%。与之对应的是，平均计算时间是最长的，达到了 25.90 s。

表 6–4　迭代次数和种群规模的敏感性分析

情景	平均计算时间（s）	最优解的比例（%）	使用的无人飞机数量			总巡航成本（km）		
			最大值	最小值	均值	最大值	最小值	均值
1	9.00	10.00%	4	3	3.85	269.95	223.25	250.43
2	17.27	10.00%	4	3	3.8	263.60	223.25	249.13
3	13.26	30.00%	4	3	3.7	263.29	223.25	243.93
4	25.90	35.00%	4	3	3.65	254.25	223.25	241.69

参考文献

［1］CHEN H K, HSUEH C F, CHANG M S.The Real-Time Time-Dependent Vehicle Routing Problem［J］. Transportation Research Part E, 2006, 42: 383–408.

［2］LIU X F, PENG Z R, ZHANG L Y. Real-Time UAV Rerouting for Traffic Monitoring with Decomposition Based Multi-Objective Optimization［J］. Journal of Intelligent & Robotic Systems, 2019, 94（2）: 491-501.

［3］ZHANG Q F, LI H. MOEA/D: A Multiobjective Evolutionary Algorithm Based on Decomposition［J］. IEEE Transactions on Evolutionary Computation, 2007, 11（6）: 712-731.

［4］ZHANG Q F, LIU W D, TSANG E, et al.Expensive Multiobjective Optimization by MOEA/D with Gaussian Process Model［J］. IEEE Transactions on Evolutionary Computation, 2010, 14（3）: 456–474.

［5］LIU X F, PENG Z R, CHANG Y T, et al. Multi-Objective Evolutionary Approach for UAV Cruise Route Planning to Collect Traffic Information［J］. Journal of Central South University, 2012, 19（12）: 3614-3621.

第 7 章 地空交通检测系统的事件检测效果评价

7.1 地空交通检测系统的构建

我国稀疏道路所在地区一般地域广袤，公路面积密度低，道路分布呈明显的稀疏特征。该类稀疏道路的特点包括道路连通度差、车流量低、车速较快，往往经过人口稀少区域，受经费限制，一般缺乏交通检测和预警系统，交通事故发生后不易发现。因此，建立适用于稀疏道路的交通事件检测系统，具有重大的现实意义。

经典的交通事件检测算法（如加利福尼亚算法、标准差算法、贝叶斯算法、马克马斯特算法）与交通事件智能检测算法（如神经网络算法、模糊逻辑算法等）的交通事件判别机制基本相同，即分析道路宏观交通流参数（一般为流量、密度、占有率或其组合形式）的变化状况，一旦这种变化十分显著，并超过了设定的阈值范围，则认为交通事件发生。这一检测机制仅适用于道路交通流量较大、负荷水平相对较高的情形。当道路的交通流量较低、负荷水平较低时，如夜间城市快速路、稀疏道路，即使道路发生了交通事件，宏观交通流也基本不受影响，因而这一交通事件检测机制失效。

在稀疏道路低流量条件下，可配置车载事件检测单元、电子标签、全球定位系统等设备实现对个体车辆的跟踪，但受经济社会发展水平所限，这些设备的配置比例难以达到相应的规模。目前，车牌识别系统（高清卡口）在国内得到了广泛的应用，其首先对车辆牌照进行识别，从而实现对车辆的跟踪，然后分析车辆在不同高清卡口断面的到达时间，判断车辆是否发生交通事件。当前，先进的高清卡口系统广泛采用了线圈、视频冗余检测技术，对曝光算法、号牌识别算法进行了优化，具备不增加设备实现跨道路中线的车牌抓拍功能，正常情况下的交通事件检测精度可达 95% 以上。无人飞机对交通事件的检测主要通过提取无人飞机视频中的车辆运行车速进行判别，即提取后的车辆运行车速很低，如车速为零或者低于某一值（如 10 km/h），则认为车辆发生交通事件。显然，高清卡口和无人飞机的事件检测机制差异很大，前者通过车牌识别判断事件，后者通过车辆速度提取判断事件。在此过程中，部分车辆由于车牌识别错误或漏检，高清卡口无法判别它们是否发生交通事件，但它们仍会在道路上正常行驶。无人飞机虽能检测到部分事件车辆，但是无法和车牌识别错误或漏检的车辆相匹配，因而很难衡量高清卡口和无人飞机联合事件检测的效果。

考虑到高清卡口系统的事件检测率较高，无人飞机和高清卡口联合进行事件检测的效果难以衡量，因此，以未安装高清卡口系统的道路为应用对象，引入无人飞机技术进行空中交通事件检测，在地面引入“最直接、最可靠”的人工视频监控进行地面交通事件检测，建立由视频摄像机和无人飞机组成的地空交通检测系统，提出稀疏道路的交通事件检测数值模拟方法，进行地－空交通检测系统的事件检测效果评价。

7.1.1 地空交通检测系统

本研究对稀疏道路的交通事件界定为：由某些原因导致的车辆停车行为，且车辆的行程时间延误明显，停车原因包括发生交通事故、车辆抛锚、停车休息等。在未安装高清卡口系统的道路中，可运用车载事件检测单元、车载 GPS、电子标签 RFID 等设备进行个体车辆的跟踪（识别）与事件检测。然而，稀疏道路一般处于地域广袤的区域，同时受经济发展水平和交通投资的制约，车载事件检测单元、电子标签 RFID、全球定位系统 GPS 配置率很低，上述技术手段的实施面临较大的现实困难。

因此，本研究建立由视频摄像机和无人飞机构成的地－空交通检测系统，以适应稀疏道路条件下的交通事件检测需求。视频摄像机可布设在交通事故多发路段，将其监视范围内的实时道路运行状况视频传到交通监控中心，由人工进行交通事件的判别；无人飞机通过装载不同的成像传感器，可获取侦测目标的图像，并通过无线传输系统，实时传输侦测图像至控制后台，为监控人员提供实时的交通监控视频，通过人工或图像识别的方法进行交通事件检测。该系统以地面视频摄像机为主，进行定点、定范围、连续的事件检测，以空中无人飞机为辅，进行广域、机动的事件检测，构筑覆盖范围广、采集成本相对较低的交通检测系统，该系统结构如图 7–1 所示。

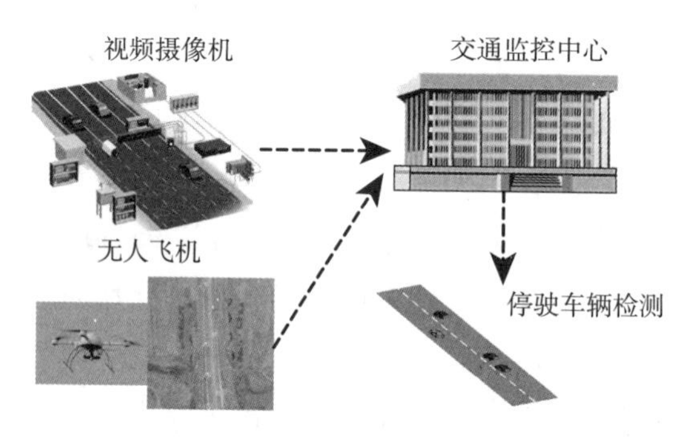

图 7–1 地空交通检测系统结构图

7.1.2　无人飞机视频的事件检测方法

无人飞机在道路上空通过机载摄像机拍摄地面的交通运行情况，受空中风力以及无人飞机飞行抖动因素的影响，航拍视频中的背景区域会发生变化。此外，当无人飞机距离地面较远时，视频中的目标车辆在图像中占据的区域较小，难以对车辆进行定位、跟踪。文献 [2] 提出了一种基于航拍图像的交通信息获取方法，克服了传统的基于斑块检测与跟踪的背景差方法无法适用动态背景的不足。该方法的核心技术是图像配准，即将不同时间获取的两幅或多幅图像进行匹配，然后进行动态背景下的运动车辆检测、动态背景下的静态车辆检测、运动车辆跟踪和速度计算。车辆速度检测出来以后，当车辆的速度低于某一设定阈值（如 10 km/h），则认为该车辆发生交通事件。

（1）动态背景下的运动车辆检测

对于运动车辆，在图像相邻帧之间，灰度相似的条件下，在灰度图像序列中选取有效特征点，进行二维特征匹配，从而得到运动矢量，据此检测出运动车辆的位置。其检测步骤包括：有效特征点检测、有效特征点匹配、基于特征点聚类的运动车辆检测。

（2）动态背景下的静止车辆检测

在使用动态车辆检测之后，运用改进型的基于 Hough 变换车道线检测算法提取道路区域，然后使用颜色信息判断道路上是不是有车，然后减去动态的车辆坐标，剩下的即为静态车辆信息。

（3）运动车辆跟踪和速度计算

在动态车辆在画面中的坐标获得之后，就可以对这辆车进行全图匹配；在一个跟踪周期内，使用车辆走过的像素长度在道路上的投影来计算车辆速度。

文献 [2] 使用 md4-1000 旋翼无人飞机在新疆稀疏道路上进行了交通监控，运用上述基于航拍图像的交通信息获取方法进行车辆跟踪和车速计算如图 7–2 所示，测试样本的静止车辆检测精度为 87%。

（a）车辆跟踪

（b）车速计算

图 7–2　无人飞机视频车辆检测

7.2 事件检测数值模拟方法

为了能评估地空交通检测系统的事件检测功能与效果，需要结合交通事件数据进行分析、评价。目前，交通事件数据主要有两种来源：一种是通过实际的观测统计得到的，另一种通过计算机模拟生成确定。由于交通事件的发生具有成因多样、发生时间和地点随机等特征，交通事件的现场采集成本较大，且稀疏道路的交通事件数据统计不完备，因此本研究采用数值仿真的方法模拟交通事件，该方法使用起来较为灵活，能够方便地通过调节仿真模型的形式和参数来模拟现实的交通环境情况。

7.2.1 地空交通检测系统事件检测原理

视频摄像机和无人飞机的交通事件检测原理为，发生交通事件的车辆停驶在道路上，当车辆的停驶位置处于视频摄像机和无人飞机的时 - 空监测视野范围内时，则认为检测到交通事件。

无人飞机的交通事件检测原理如图 7–3 所示，图中横轴代表时间、纵轴代表道路的里程，密集的纵向斜实线代表道路上行驶车辆的时空轨迹图，三条横线代表有 3 辆车发生交通事件，且停驶于道路某一位置不动，两条平行的虚线代表无人飞机在飞行过程中的侦测范围，平行线的纵向距离代表无人飞机的侦测视野范围，它由无人飞机的飞行高度、机载摄像机的技术参数共同决定。

无人飞机检测交通事件的情形如图 7–4 所示，图中斜直线代表无人飞机的侦测视野范围，三条折线代表三辆停驶车辆的时空轨迹线，轨迹线的横向线段长度为 5 min，当该横向线段与无人飞机的侦测视野范围斜直线相交时，则认为无人飞机检测到交通事件，即交通事件发生 5 min 内无人飞机能够检测到该交通事件，图 7–4（a）表示无人飞机未检测到交通事件，图 7–4（b）表示无人飞机检测到一起交通事件。

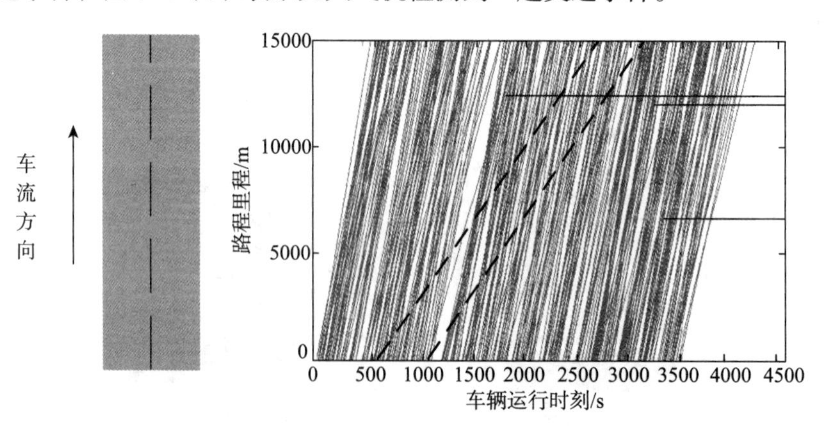

图 7–3　无人飞机检测事件示意图

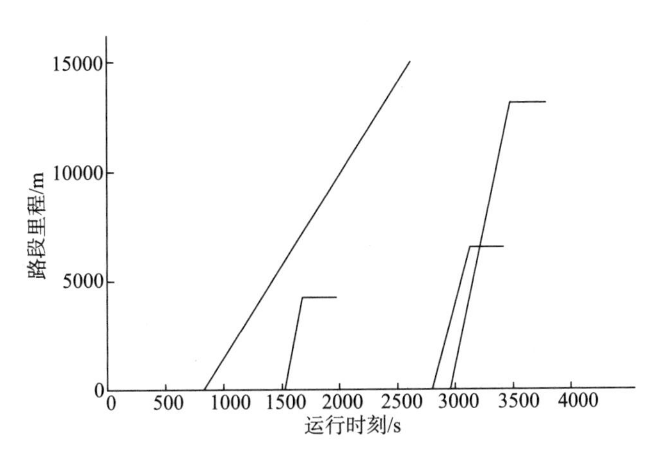

（a）无人飞机未检测到事件

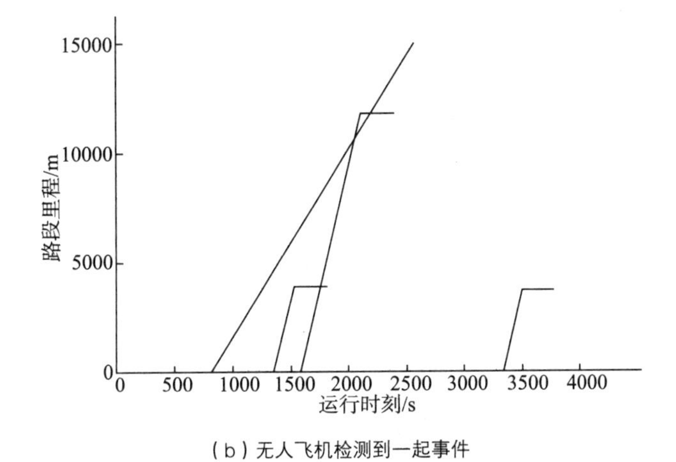

（b）无人飞机检测到一起事件

图 7-4　无人飞机检测事件的情形

视频系统检测事件的情形如图 7-5 所示，图 7-5（a）表示视频系统未检测到事件，图 7-5（b）表示视频系统检测到一起事件。

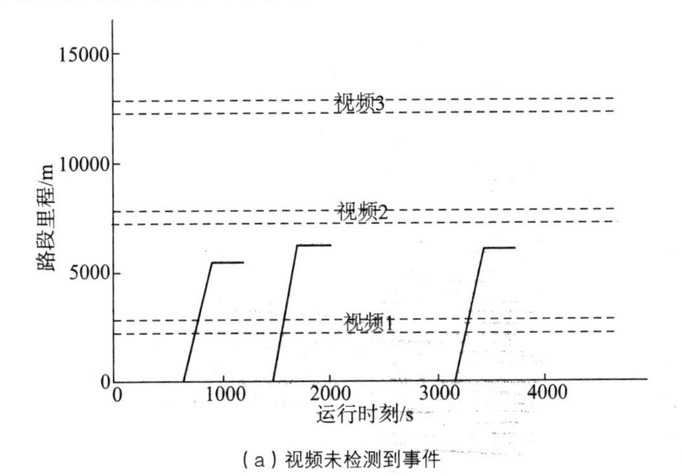

（a）视频未检测到事件

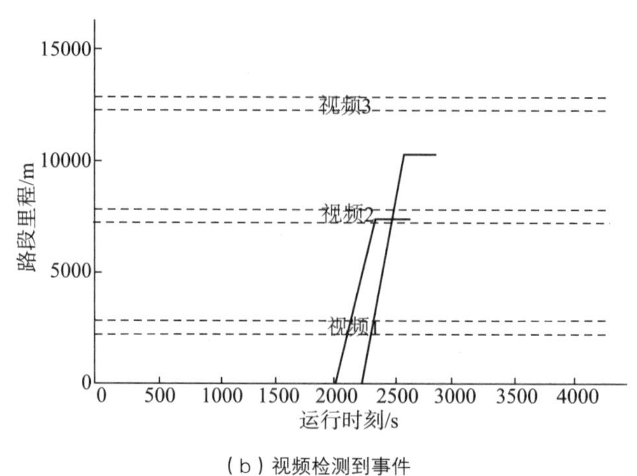

（b）视频检测到事件

图 7–5　视频检测事件的情形

视频－无人飞机综合系统检测交通事件的情形如图 7–6 所示，图中表示该系统检测到一起事件，且该事件被无人飞机和视频都检测到。

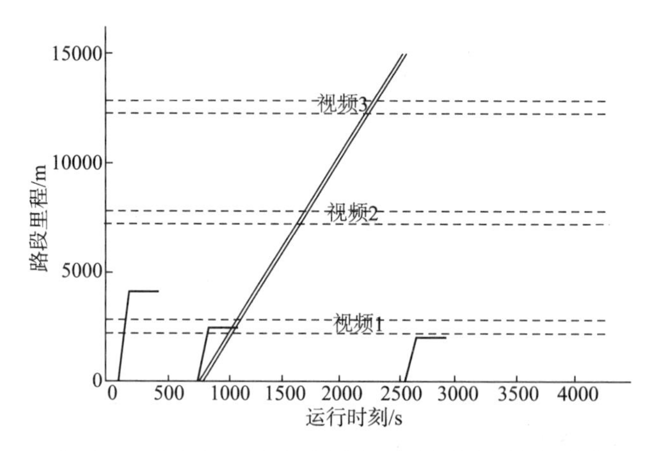

图 7–6　视频－无人飞机综合系统检测事件的情形

上述单一无人飞机检测系统以及视频－无人飞机综合检测系统中，无人飞机从路段起点出发，飞往路段终点，对路段的侦察只有一趟，为更好地发挥无人飞机机动、灵活的特点，提高地－空交通检测系统的交通事件检测率，将无人飞机的单次飞行改为无人飞机对路段进行往复、折返侦察。

无人飞机折返侦察过程中的交通事件检测原理如图 7–7 所示。在图 7–7（a）单一无人飞机检测系统中，无人飞机在某路段折返飞行了 6 次，但仅在第 2 次折返飞行过程中检测到事件的发生；在图 7–7（b）无人飞机－视频综合检测系统中，发生了 3 起交通事件，这 3 起交通事件的发生位置均不在视频摄像机的监控视野范围之内，且仅在无人飞机第 2 次折返中被检测到。

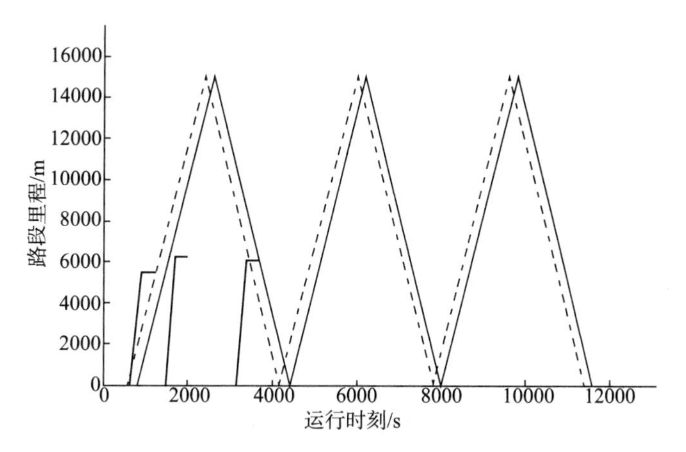

（a）单一无人飞机检测系统检测事件

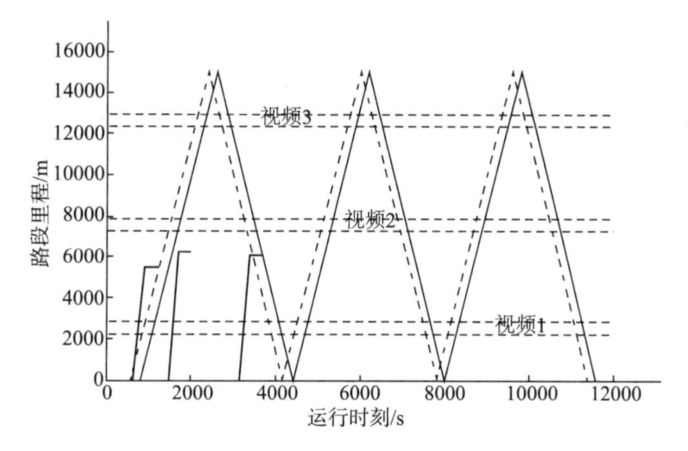

（b）无人飞机 – 视频综合检测系统检测事件

图 7–7　无人飞机折返侦察检测交通事件

7.2.2　数值模拟方法与参数设置

稀疏道路条件下的地 – 空交通检测系统的交通事件检测数值模拟方法，如图 7–8 所示，该方法的四个步骤包括：

（1）交通流、道路、视频和无人飞机的参数设置；

（2）交通事件的生成；

（3）视频摄像机的交通事件检测；

（4）无人飞机的交通事件检测。

交通事件生成模块由交通事件参数决定，交通事件检测数值模拟方法中参数设置情况为：

（1）交通流参数：车流量、车速分布、车辆的运行时间（确保车辆能够跑完道路全程）；

（2）道路参数：道路长度；

（3）视频参数：视频的数量、安装位置、视频的监测范围；

（4）无人飞机参数：无人飞机的数量、无人飞机的起飞侦察位置及时刻、无人飞机的检测范围、无人飞机的飞行速度；

（5）交通事件参数：交通事件的数量（N 起，等价于 N 辆车发生交通事件）、车辆发生事件的位置及持续时间。

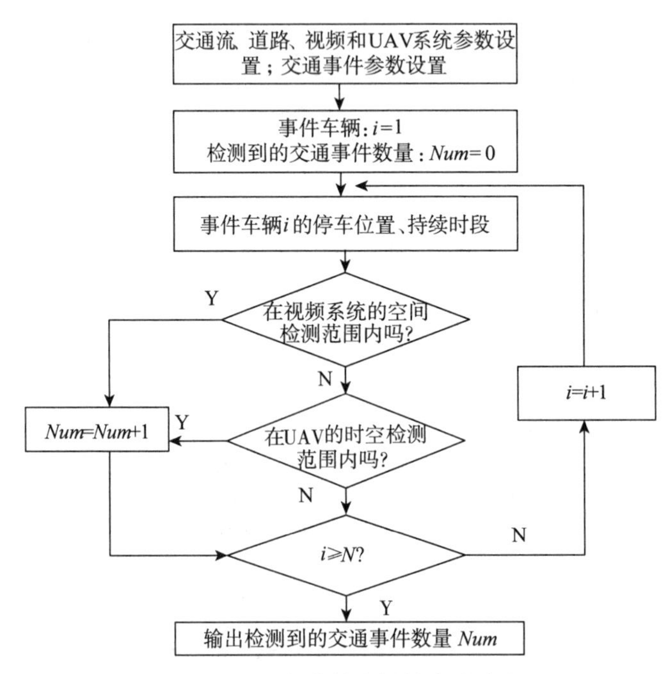

图 7–8　交通事件数值模拟方法流程图

7.2.3　事件检测评价指标

在地空交通检测系统中，不同的交通检测子系统（图 7–4 至图 7–7）对应着不同的事件检测效果，需要有统一的评价指标进行比较。因此，本研究提出事件检测率这一指标，衡量不同交通情景下的不同交通检测子系统的事件检测效果。

$$IDR = \frac{NDI}{TNI} \times 100\% \qquad (7\text{–}1)$$

其中，IDR（Incident Detection Rate）为事件检测率；NDI（Number of Detected Incident）为仿真中检测到的事件总数量；TNI（Total Number of Incident）为模拟生成的事件总数。

7.3　数值模拟分析

选取 15 km 长的双车道封闭路段作为测试道路，车辆的道路流量、车速均值、车速均方差参数与文献 [5] 相同，分别为 300 veh/h、90 km/h 和 10 km/h，车速波动程度为（1 km/h）/s，车速的最低、最高值分别为 60 km/h 和 120 km/h，模拟生成 1 h 的交通运行状况。其中，每辆车的运行时间设为 1000 s，确保车辆驶完测试路段，车辆发生交通事件率为 1%，交通事件车辆随机产生，车辆事件位置随机生成，要求检测系统在检测时间内（5 min）检测到交通事件，分单一无人飞机检测系统、单一视频摄像机系统、视频 – 无人飞机综合检测系统、考虑无人飞机折返的四种情形，在 MATLAB 平台中仿真交通事件的检测效果。

7.3.1　无人飞机检测系统

在单一无人飞机检测系统中，基准仿真情景（情景 1）为无人飞机从道路起点起飞飞往道路终点，巡逻一趟，飞行速度为 30 km/h，侦测视野范围为 150 m，开始侦察时间为第 800 s（即交通运行仿真 800 s 后 UAV 开始侦察），要求 5 min 内检测到交通事件；情景 2 的检测时间提高到 10 min；情景 3 的无人飞机速度提高到 40 km/h；情景 4 的无人飞机检测范围提高到 250 m；情景 5 的无人飞机开始检测时间由情景 1 的第 800 s 变为第 0 s；情景 6 中交通事件的发生率由 1% 提高到 2%；情景 7 中交通事件的发生率由 1% 提高到 3%；情景 8 中路段的长度由 15 km 下降为 10 km；情景 9 中路段的长度由 15 km 下降为 5 km。上述情景的参数设置如表 7–1 所示。

表 7–1　无人飞机检测系统仿真情景参数

情景序号	UAV 飞行速度（km/h）	UAV 侦测视野范围（m）	开始侦察时间（s）	事件检测时间（min）	事件发生率（%）	道路长度（km）
基准情景 1	30	150	800	5	1	15
情景 2	30	150	800	10	1	15
情景 3	40	150	800	5	1	15
情景 4	30	250	800	5	1	15
情景 5	30	150	0	5	1	15
情景 6	30	150	800	5	2	15
情景 7	30	150	800	5	3	15
情景 8	30	150	800	5	1	10
情景 9	30	150	800	5	1	5

对上述无人飞机检测系统的不同情景分别进行1000、2000、3000次仿真，可以得到不同情景的交通事件检测效果，如表7–2所示。

表7–2　无人飞机检测系统的交通事件检测率（%）

情景序号	1000次	2000次	3000次
基准情景1	8.67	8.75	8.80
情景2	16.99	16.85	17.98
情景3	8.17	8.57	8.80
情景4	9.68	9.05	9.42
情景5	7.70	7.85	8.03
情景6	8.75	10.22	9.68
情景7	9.16	9.20	9.37
情景8	10.14	9.86	9.12
情景9	8.97	8.38	8.87

7.3.2　视频摄像机检测系统

在视频摄像机检测系统中，基准仿真情景（情景1）为在路段均匀布设3个视频摄像机、检测视野范围为300 m（单向）；情景2的视频摄像机检测视野范围提高到500 m；情景3的视频摄像机数量提高到5个；情景4中交通事件的发生率由1%提高到2%；情景5中交通事件的发生率由1%提高到3%；情景6中路段的长度由15 km下降为10 km；情景7中路段的长度由15 km下降为5 km。上述情景的参数设置如表7–3所示；情景8中路段均匀布设1个摄像头；情景9中路段均匀布设2个摄像头；情景10中路段均匀布设4个摄像头；情景11中路段均匀布设5个摄像头。

表7–3　视频摄像机检测系统仿真情景参数

情景序号	视频数量（个）	视频视野范围（m）	事件发生率（%）	道路长度（km）
基准情景1	3	300	1	15
情景2	3	500	1	15
情景3	5	300	1	15
情景4	3	300	2	15
情景5	3	300	3	15
情景6	3	300	1	10
情景7	3	300	1	5
情景8	1	300	1	15

续　表

情景序号	视频数量（个）	视频视野范围（m）	事件发生率（%）	道路长度（km）
情景 9	2	300	1	15
情景 10	4	300	1	15
情景 11	5	300	1	15

对上述系统的不同情景分别进行 1000、2000、3000 次仿真，可以得到不同情景的交通事件检测效果，如表 7–4 所示。

表 7–4　视频检测系统的交通事件检测率（%）

情景序号	1000 次	2000 次	3000 次
基准情景 1	11.71	11.82	12.46
情景 2	19.39	19.66	19.97
情景 3	19.68	20.14	19.68
情景 4	11.97	11.78	11.84
情景 5	12.77	12.38	12.51
情景 6	17.10	17.67	17.74
情景 7	36.53	36.17	35.75
情景 8	3.87	4.51	4.13
情景 9	8.33	7.87	8.21
情景 10	16.74	15.94	16.48
情景 11	19.57	20.26	20.65

7.3.3　视频 - 无人飞机综合检测系统

单一无人飞机检测系统（情景 1）与单一视频摄像机检测系统（情景 1）组合构成视频 – 无人飞机综合检测系统，该综合系统的参数与单一系统的参数相同，此为情景 1；情景 2 中交通事件的发生率由 1% 提高到 2%；情景 3 中交通事件的发生率由 1% 提高到 3%；情景 4 中路段的长度由 15 km 下降为 10 km；情景 5 中路段的长度由 15 km 下降为 5 km。上述情景的参数设置如表 7–5 所示。

表 7–5 视频 – 无人飞机综合检测系统仿真情景参数

情景序号	UAV 飞行速度（km/h）	UAV 侦测视野范围（m）	开始侦察时间（s）	事件检测时间（min）	事件发生率	道路长度（km）	视频数量（个）	视频视野范围（m）
基准情景 1	30	150	800	5	1	15	3	300
情景 2	30	150	800	5	2	15	3	300
情景 3	30	150	800	5	3	15	3	300
情景 4	30	150	800	5	1	10	3	300
情景 5	30	150	800	5	1	5	3	300

对上述系统的不同情景分别进行 1000、2000、3000 次仿真，可以得到不同情景的交通事件检测效果，如表 7–6 所示。

表 7–6 视频 – 无人飞机综合检测系统的交通事件检测率（%）

情景序号	1000 次	2000 次	3000 次
基准情景 1	20.37	20.10	20.31
情景 2	20.09	19.93	19.98
情景 3	19.58	19.46	19.60
情景 4	26.17	25.84	25.30
情景 5	43.54	44.43	44.33

由表 7–2、7–4、7–6 可知，同一情景的不同次数的仿真结果互不相同，但数值差异不大，这体现了仿真的随机性，也反映出了仿真中的交通事件检测的一般特征。在单一无人飞机检测系统中，3000 次仿真后的基准仿真情景的交通事件检测率为 8.8%，当检测时间由 5 min 提高到 10 min，检测率达到了 17.98%；当无人飞机速度提高到 40 km/h 时，检测率保持不变，仍为 8.80%；当无人飞机检测范围提高到 250 m 时，检测率提高到 9.42%；当无人飞机开始检测时间提前到第 0 s 时，检测率降低到 8.03%。在单一视频检测系统中，3000 次仿真后的基准仿真情景的交通事件检测率为 12.46%，当视频摄像机检测视野范围提高到 500 m，检测率提高到 19.97%；当视频摄像机数量提高到 5 个时，检测率提高到 19.68%；在视频无人飞机综合检测系统中，3000 次仿真后的交通事件检测率为 20.31%。

7.3.4 考虑无人飞机折返的事件检测

实际上，无人飞机可在其续航里程范围内，对侦察路段进行往返飞行侦察，多次侦察路段的交通运行状况。因此，本节在单一无人飞机检测系统、视频 – 无人飞机综合检测系统中考虑无人飞机的折返因素，分析此情形下的事件检测率。

单一无人飞机检测系统中的情景 1 与表 7–1 该系统的基准情景相同，即无人飞机从道路起点起飞飞往道路终点，巡逻一趟，飞行速度为 30 km/h，侦测视野范围为 150 m，开始侦察时间为第 800 s（即交通运行仿真 800 s 后 UAV 开始侦察），要求 5 min 内检测到交通事件；情景 2 为无人飞机从路段起点飞往道路终点，再飞回道路起点，往复 1 次，侦察路段 2 次；情景 3 为路段长度由 15 km 下降为 5 km，无人飞机从路段起点飞往道路终点，再飞回道路起点，往复 3 次，侦察路段 6 次。上述情景的参数设置如表 7–7 所示。

表 7–7　考虑 UAV 折返的无人飞机检测系统仿真情景参数

情景序号	UAV 飞行速度（km/h）	UAV 侦测视野范围（m）	开始侦察时间（s）	事件检测时间（min）	事件发生率（%）	道路长度（km）	侦察次数（次）
基准情景 1	30	150	800	5	1	15	1
情景 2	30	150	800	5	1	15	2
情景 3	30	150	800	5	1	5	6

视频 – 无人飞机综合检测系统的情景 1 与表 7–5 该系统的基准情景相同；情景 2 为无人飞机从路段起点飞往道路终点，再飞回道路起点，往复 1 次，侦察路段 2 次；情景 3 为路段长度由 15 km 下降为 5 km，无人飞机从路段起点飞往道路终点，再飞回道路起点，往复 3 次，侦察路段 6 次。上述情景的参数设置如表 7–8 所示。

表 7–8　考虑 UAV 折返的视频 – 无人飞机综合检测系统仿真情景参数

情景参数	基准情景 1	情景 2	情景 3
UAV 飞行速度（km/h）	30	30	30
UAV 侦测视野范围（m）	150	150	150
开始侦察时间（s）	800	800	800
事件检测时间（min）	5	5	5
事件发生率（%）	1	1	1
道路长度（km）	15	15	5
视频数量（个）	3	3	3
视频视野范围（m）	300	300	300
侦察次数（次）	1	2	6

对上述系统的不同情景分别进行 1000、2000、3000 次仿真，可以得到不同情景的交通事件检测效果，如表 7–9 所示。

表 7–9　考虑 UAV 折返侦察的不同情景的交通事件检测率（%）

检测系统	情景	1000 次	2000 次	3000 次
无人飞机检测系统	基准情景 1	8.67	8.75	8.80
	情景 2	15.78	15.11	15.67
	情景 3	40.02	39.88	40.11
视频 – 无人飞机综合检测系统	基准情景 1	20.37	20.10	20.31
	情景 2	25.58	26.09	26.05
	情景 3	59.91	60.33	60.64

由表 7–9 可知，同一情景的不同次数的仿真结果互不相同，但数值差异不大，这体现出了仿真的随机性，也反映出了仿真中的交通事件检测的一般特征。在单一无人飞机检测系统中，3000 次仿真后，无人飞机的侦察次数为 2 时，事件检测率为 15.67%，无人飞机的侦察次数为 6 时，事件检测率达 40.11%；在视频 – 无人飞机综合检测系统中，3000 次仿真后，无人飞机的侦察次数为 2 时，事件检测率为 26.05%，无人飞机的侦察次数为 6 时，事件检测率达 60.64%。

7.3.5　事件检测的影响因素分析

由上一小节分析可知，影响交通检测系统事件检测效果的因素较多，因此本节重点讨论无人飞机侦察视野、无人飞机飞行速度、事件发生率、无人飞机折返飞行策略等因素对事件检测效果的影响情况。

（1）无人飞机侦察视野

无人飞机在不同的飞行高度、不同的机载摄像机焦距情形下，其侦察视野会有明显不同。随着无人飞机的侦察视野增大，无人飞机在侦察过程中覆盖的事件检测时间 – 空间范围也会随之增大，这有利于提高事件的检测效果。本研究分析了单一无人飞机检测系统在侦察视野分别为 150 m、250 m 时的交通事件检测率，事件检测结果对比情况如图 7–9 所示。

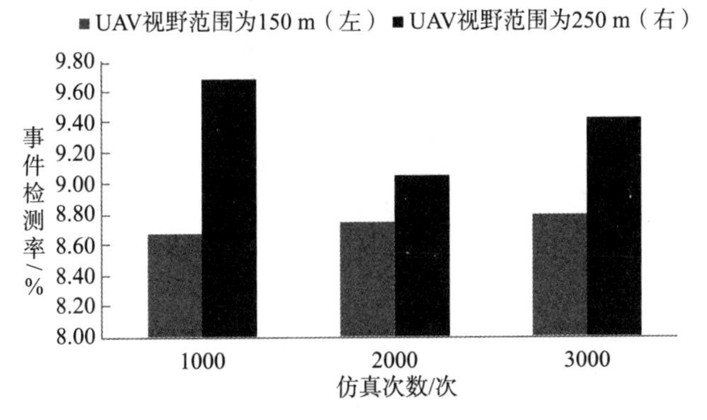

图 7–9 单一无人飞机检测系统的事件检测率

由图 7–9 可知，在 1000 次、2000 次、3000 次仿真中，无人飞机的事件检测率均随着它的侦察视野范围的增大而提高。在 3000 次的仿真当中，无人飞机的侦察视野范围为 250 m 时，其事件检测率为 9.42%，较无人飞机侦察视野范围为 150 m 时的检测率提高了 0.62%。这说明在不考虑其他因素的情况下，增大无人飞机的侦察视野范围有利于提高单一无人飞机检测系统的事件检测率。

然而，无人飞机侦察视野范围的增大，会带来另外一个问题，即无人飞机视频中的车辆图像会变小，这样会造成无人飞机跟踪的车辆在视频图像中占据的区域较小，影响对车辆的定位、跟踪，从而影响车辆运行车速的提取精度，进而导致事件检测率的下降。因此，在分析无人飞机侦察视野对事件检测效果影响的同时，必须考虑无人飞机视频的事件检测精度。

本节对无人飞机的视野侦察范围为 250 m，无人飞机视频的事件检测精度为 100%、95%、90%、85%、75%、70% 的情形进行仿真，不同仿真次数下的单一无人飞机系统的事件检测率情况如表 7–10 所示，与基准情景（无人飞机视野范围为 150 m，无人飞机视频的事件检测精度为 100%）相比的事件检测率增减变化情况如图 7–10 所示。

表 7–10 不同 UAV 视频事件检测精度下的交通事件检测率（%）

无人飞机视频的事件检测精度取值	1000 次	2000 次	3000 次
100%	9.68	9.05	9.42
95%	9.29	8.73	8.95
90%	8.80	8.27	8.47
85%	8.31	7.81	8.00
75%	7.34	6.90	7.06
70%	6.85	6.44	6.59

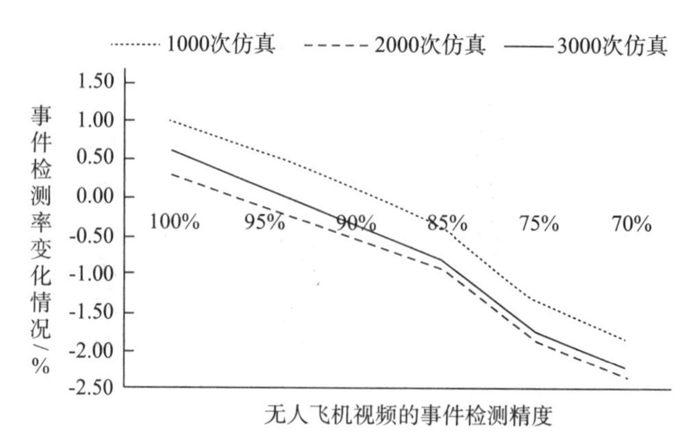

图 7–10　无人飞机视频的事件检测精度与事件检测率

由表 7–10 可知，在 1000 次、2000 次、3000 次仿真中，单一无人飞机系统的事件检测率随无人飞机视频的事件检测精度的下降而下降。在无人飞机视野为 250 m 的 3000 次仿真当中，当无人飞机视频的事件检测精度为 100%、95% 时，单一无人飞机系统的事件检测率较基准情景（无人飞机视野范围为 150 m，无人飞机视频的事件检测精度为 100%）增加了 0.62%、0.15%；当无人飞机视频的事件检测精度为 90% 时，单一无人飞机系统的事件检测率较基准情景降低了 0.33%。

根据上述事件检测率，运用插值法，可确定此时与基准情景事件检测率持平时的无人飞机视频的事件检测精度为 93.44%。也就是说，当无人飞机的视野范围从 150 m 提高到 250 m 时，无人飞机视频的事件检测精度必须大于等于 93.44%，才能保证单一无人飞机系统的事件检测效果得到改善；否则，单一无人飞机系统的事件检测效果会下降。

（2）无人飞机飞行速度

第 7.3.1 节在单一无人飞机系统中仿真了无人飞机的飞行速度对事件检测率的影响情况，该节的基准情景（无人飞机的飞行速度为 30 km/h）与情景 3（无人飞机的飞行速度为 40 km/h）在不同仿真次数下的事件检测效果对比情况如图 7–11 所示。

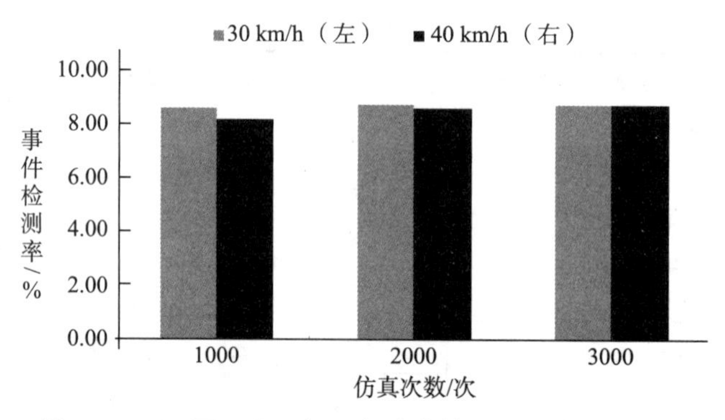

图 7–11　不同无人飞机飞行速度情形下的事件检测率

由图 7-11 可知，在仿真 1000、2000 次时，无人飞机的飞行速度为 30 km/h 时单一无人飞机系统的事件检测率略微高于 40 km/h 时的事件检测率；在仿真 3000 次时，单一无人飞机系统在 30 km/h、40 km/h 时的事件检测率相同，均为 8.80%。一般地，随着仿真次数的增加，仿真的随机性有所减少，通过 3000 次仿真，可以认为：单一无人飞机系统的事件检测率基本不受无人飞机飞行速度的影响。其原因可归结为：单一无人飞机系统的事件检测率主要受无人飞机侦察过程中所覆盖的时间 - 空间二维空间的大小影响，无人飞机飞行速度的变化仅仅影响该时间 - 空间二维空间的斜率，而无法改变该空间的范围。

（3）事件发生率

在仿真中，交通事件的发生率分别取值为 1%、2%、3%，单一无人飞机系统、视频摄像机系统、视频 - 无人飞机系统在不同的交通事件发生率情形下，3000 次仿真后的事件检测率差别不大，如图 7-12 所示。

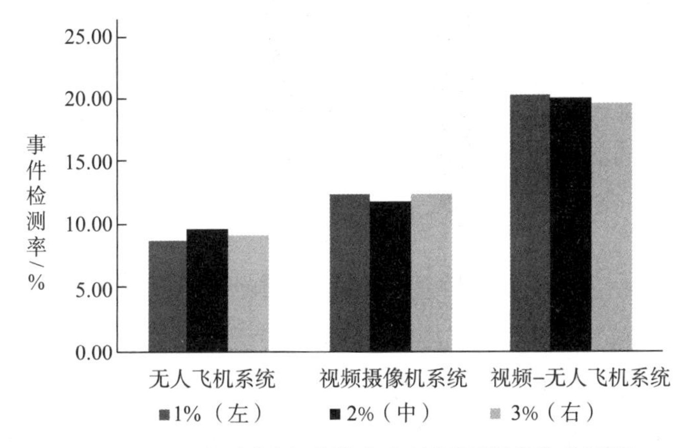

图 7-12　不同交通事件发生率情况下的事件检测率

由图 7-12 可知，既有随着交通事件发生率提高，事件检测率稍有提高的情形，如单一无人飞机系统，也有随着交通事件发生率提高，事件检测率稍有下降的情形，如视频无人飞机系统，即不同的交通事件发生率对交通检测系统的事件检测率影响较小。其原因可归结为：交通事件发生率增加，总的交通事件发生数量增多，发生的交通事件随机分布于道路各处，此时无人飞机检测到的交通事件数量相应增加，从而导致交通检测系统的事件检测率基本不变。

（4）无人飞机折返飞行策略

第 7.3.4 节分析了无人飞机折返飞行策略对事件检测率的影响情况。引入折返飞行策略进行 3000 次仿真以后，相同道路长度下（15 km、5 km）的单一无人飞机系统、视频 - 无人飞机综合系统的事件检测效果明显提高，变化情况如图 7-13、7-14 所示。

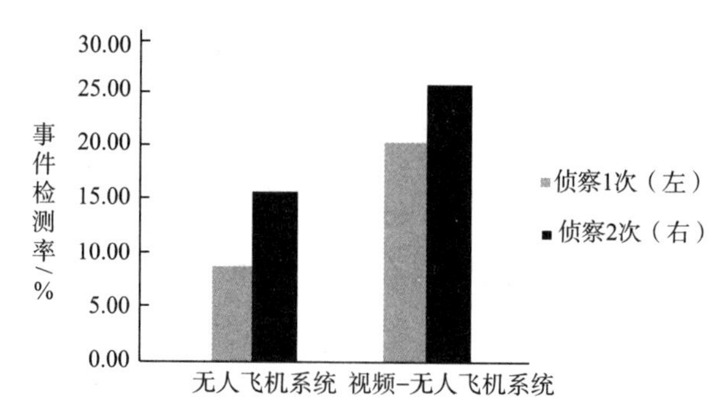

图 7–13　无人飞机折返飞行的事件检测率（路段 15 km）

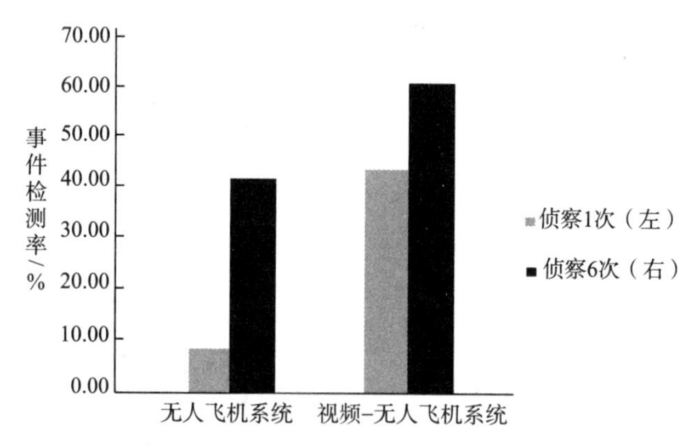

图 7–14　无人飞机折返飞行的事件检测率（路段 5 km）

由图 7–13、7–14 可知，在路段长度为 15 km 时，无人飞机对路段侦察 1 次时，无人飞机系统、视频 – 无人飞机系统的事件检测率分别为 8.80%、20.31%；当无人飞机对路段的侦察次数提高到 2 时，这两个系统的事件检测率迅速提升到 15.67%、26.05%。在路段长度为 5 km 时，无人飞机对路段侦察 1 次时，无人飞机系统、视频 – 无人飞机系统的事件检测率分别为 8.87%、44.33%；当无人飞机对路段的侦察次数提高到 6 时，这两个系统的事件检测率迅速提升到 40.11%、60.64%。其原因可归结为，无人飞机折返飞行后，侦察次数增多，无人飞机在侦察过程中覆盖的道路时间 – 空间二维范围显著扩大，事件检测率明显提高。

7.3.6　无人飞机的事件检测效果分析

在地面视频检测系统的基础上引入无人飞机后，交通检测系统的事件检测效果发生了变化，因此，需要从两个方面分析无人飞机的事件检测效果。一是无人飞机引入后导致地面视频检测系统的事件检测率的提高，即提高多少事件检测率；二是在相同前提下，无人飞机和视频的事件检测率折算关系如何，即一架无人飞机和多少个视频的事件检测率相同。

由 7.3.2 节和 7.3.3 节的视频系统、无人飞机 – 视频系统的 3000 次仿真结果可知，在 15 km 的道路中，当交通事件发生率为 1%、2%、3% 时，无人飞机 – 视频系统较单一视频系统的事件检测率显著提升，分别从 12.46% 提升到 20.31%，从 11.84% 提升到 19.98%，以及从 12.51% 提升到 19.60%，检测率增加情况如图 7–15 所示。

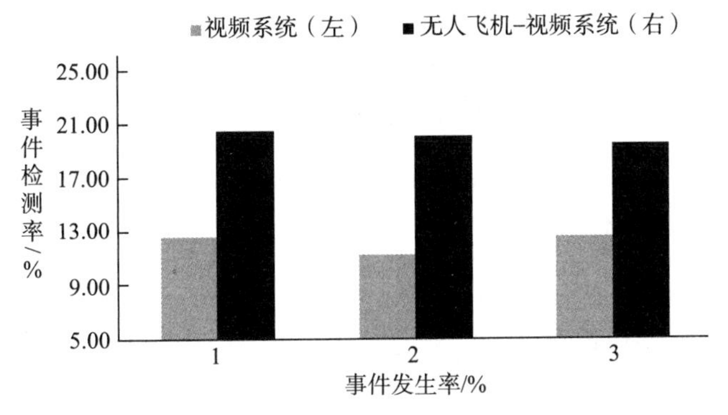

图 7–15 无人飞机 – 视频系统的事件检测率变化情况

由图 7–15 可知，引入无人飞机后，视频系统的事件检测率提升明显，其原因主要为，视频在路段的固定位置进行连续监控，无人飞机则在其侦察覆盖的时间 – 空间二维范围内进行移动式的、非连续的事件检测，因此，无人飞机侦测到了视频监控区域以外发生的交通事件，对视频系统的事件检测效果起到了良好的补充作用。

为了进一步衡量无人飞机的事件检测效能，以视频的事件检测结果为参照，计算无人飞机与视频的事件检测效能折算系数。计算方法为：

（1）计算布设不同视频数量时，每个视频的平均事件检测率；

（2）确定每架无人飞机的事件检测率；

（3）用每架无人飞机的事件检测率除以每个视频的平均事件检测率，计算出在不同仿真次数时的无人飞机与视频事件检测效能的折算系数。

以 7.3.1 节中无人飞机系统基准情景 1 为基础，以 7.3.2 节中布设 1~5 个视频摄像机时的检测率为参照，无人飞机与视频的事件检测效能折算系数如图 7–16 所示。

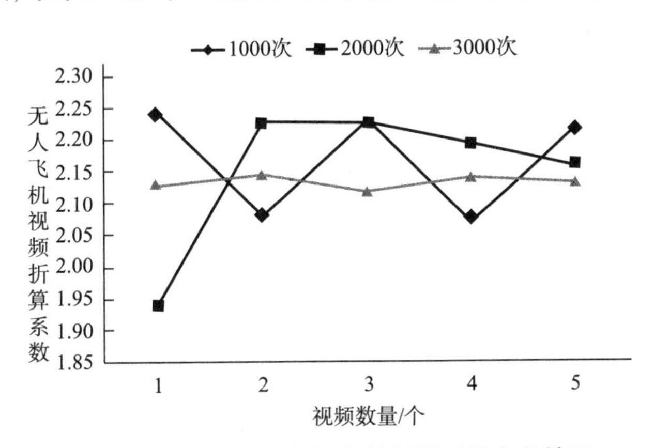

图 7–16 无人飞机与视频的折算系数变化情况

由图 7-16 可知，在仿真 1000 次、2000 次的时候，无人飞机与视频的事件检测效能折算系数波动较大，在仿真 3000 次的时候，无人飞机与视频的事件检测效能折算系数则较为平稳，在布设 1~5 个视频情景下，折算系数分别为 2.13、2.14、2.12、2.14 和 2.13，也就是说在本次分析中，一架无人飞机的事件检测效果相当于 2.13 个视频的事件检测效果。当然，无人飞机与视频事件检测效能折算系数的计算会随着分析背景的不同而不同，如无人飞机的侦察视野、折返飞行、视频的侦察视野等因素，因此，必须结合不同的交通事件检测情景进行差异化分析。

7.4 无人飞机事件检测实验分析

2012 年 2 月在新疆维吾尔自治区库尔勒 - 库车高速上进行了无人飞机的事件检测效果测试工作。实验中使用车辆停靠路边的方式模拟交通事件，无人飞机则沿着路段飞行拍摄道路的交通运行状况，然后运用动态视频图像识别技术提取静止车辆，从而分析事件检测效果。实验情景如图 7-17 所示，其中图（a）为测试道路路段，图（b）为实验车辆，图（c）为无人飞机视频的静止车辆检测。

（a）测试道路

（b）实验车辆

（c）静止车辆检测

图 7-17 无人飞机事件检测实验情景

本实验路段长 15 km 且未安装交通检测设备，无人飞机的侦察视野为 150 m，无人飞机以 30 km/h 的速度沿路飞行 10 次，三辆实验车随机地停靠在路边 10 次，用于模拟 30 起交通事件，实验结果如表 7-11 所示。

表 7-11 无人飞机事件检测效果分析表

序号	参 数	数值
（1）	实验中检测到的事件数量（起）	2
（2）	实验中模拟的事件数量（起）	30
（3）	实验的无人飞机事件检测率	6.67%
（4）	7.3.1 节中仿真事件检测率（视频的静止车辆检测率为 100% 时）	8.80%

续　表

序号	参　数	数值
（5）	7.3.1 节中仿真事件检测率（视频的静止车辆检测率为 87% 时）	7.66%
（6）	（3）和（4）的事件检测率变化幅度	−24.20%
（7）	（3）和（5）的事件检测率变化幅度	−12.92%

由表 7−11 可知，实验中的无人飞机事件检测率为 6.67%，与视频静止车辆检测率为 100% 时的仿真事件检测率相比下降了 24.20%，与视频静止车辆检测率为 87% 时的仿真事件检测率相比下降了 12.92%。这说明理论分析的无人飞机事件检测效果与实验结果有一定的差距，其可能是受到了交通事件样本规模的影响。尽管如此，实验结果表明无人飞机在稀疏道路中有一定的交通事件检测能力。

根据稀疏道路交通事件检测的实际需求，建立了由视频检测器和无人飞机组成的地 − 空交通检测系统，提出了交通事件检测的数值模拟方法，并进行了数值仿真，主要结论有：

（1）在单一无人飞机检测系统中，当无人飞机的侦测视野范围由 150 m 提高到 250 m 时，事件检测率由 8.80% 提高到 9.42%；在单一视频检测系统中，当视频的检测视野范围由 300 m 提高到 500 m 时，事件检测率由 12.46% 提高到 19.97%，这表明：增大无人飞机、视频的侦测视野范围，能够提高交通检测系统的事件检测率。

（2）单一视频检测系统的基准情景的事件检测率为 12.46%，引入无人飞机后，视频 − 无人飞机综合检测系统的事件检测率提高到 20.31%。这表明：引入无人飞机可以有效地提高地面交通检测系统的事件检测率。

（3）在考虑无人飞机折返飞行的无人飞机检测系统情景 2、3 中，无人飞机的侦察次数从 1 提升到 2、6，对应的事件检测率从 8.80% 分别提高到 15.67%、40.11%；在考虑无人飞机折返飞行的视频 − 无人飞机检测系统情景 2、3 中，无人飞机的侦察次数从 1 提升到 2、6，对应的事件检测率从 20.31% 分别提高到 26.05%、60.64%。这表明：无人飞机对路段进行折返侦察，可扩大对监测路段的时 − 空二维覆盖范围，从而有效地提高检测系统的事件检测率。

（4）在不考虑其他因素的情况下，增大无人飞机的侦察视野范围有利于提高无人飞机的事件检测率，但提升效果相对有限。此外，不同的无人飞机视频的事件检测精度，可能会给无人飞机的事件检测效果带来正效益，也可能带来负效益。

（5）地 − 空交通检测系统的事件检测效果基本不受无人飞机的飞行速度、道路事件发生率的影响；无人飞机的折返飞行策略则能显著提高无人飞机系统的事件检测效果。

有一点必须注意的是，上述仿真结论是在设定的仿真情景下得出的，即地面交通检测设备和无人飞机均在设定的时间－空间二维范围内进行事件检测。实际上，无人飞机只能进行机动、灵活的事件检测，地面交通检测设备可以进行定点、定范围、持续的事件检测，两者的事件检测时间－空间覆盖范围显著不同，在两者的事件检测效果评价中必须注意这一前提。

参考文献

［1］刘晓锋，常云涛，王珣．稀疏路网条件下的无人飞机交通监控部署方法［J］．公路交通科技，2012，29（3）：124-130.

［2］同济大学交通运输工程学院．基于地空信息技术的稀疏路网交通监控与预警系统［R］．上海：同济大学，2012.

［3］杨晓光，彭国雄，王一如．高速公路交通事故预防与紧急救援系统［J］．公路交通科技，1998，15（4）：46-51.

［4］LIU X, PENG Z, HOU H, et al. Simulation and Evaluation of Using Unmanned Aerial Vehicle to Detect Low-Volume Road Traffic Incident［C］. The 94th Annual Meeting of the Transportation Research Board, 2015: 432-445.

［5］梁倩玉．稀疏路网交通事件检测与设备布局优化研究［D］．上海：同济大学，2011.